天使に会いました

体験者350人が語ってくれた 奇跡と感動のストーリー

エマ・ヒースコート・ジェームズ
ラッセル秀子：訳

Seeing Angels

True Contemporary Accounts of Hundreds of Angelic Experiences

ハート出版

この本の完成版を見ることができなかった祖母、
アイリーン・ドロシー・ジルスに、本書を捧げます。

てん-し【天使】

神さまのバイク便。神さまの注文は決して断らない。人にあらず、神にあらず。いつもは見えないが、必要なときには登場する。その正体は、姿が消えてからわかることが多い。

（注記：天使を信じない教会も、天使について考えもしない教会もあれば、毎週火曜日に天使と朝食会を開く教会もある）

"Church-English Dictionary"

'The Alpha to Omega of Church Speak"

はじめに
――あなたは天使に会ったことがありますか？

イギリスで、天使ブームが大旋風を巻き起こしています。天使の姿を見たり、香りを感じたり、天使に触れたという人が、何千人もいるのです。中には天使の呼びよせ方を教えてくれるレッスンまであります。

そのむかし、「天使に会った」という人たちは変わり者で、クリエイティブな芸術家肌の人に限られていたようです。詩人のウィリアム・ブレイク、『失楽園』を著したジョン・ミルトン、生涯を霊魂と聖書の研究にささげたエマニュエル・スウェデンボルグ、そしてモルモン教の創始者ジョセフ・スミスなどは、そのよい例でしょう。ところが、一〇年ほど前からは、天使に遭遇したという人の数が急激に増え、天使関連の商品も倍増しています。

この風潮は、一九九〇年代はじめにアメリカで起きたビクトリアン・スタイルのリバイバル・ブームに端を発し、イギリスに押し寄せてきたのです。ファッションをはじめ、映画、テレビのトーク番組、音楽、広告、雑誌、新聞（大衆紙のアダルト面も例外ではありません）、そしてもちろんインターネットなど、天使はあらゆるメディアにあふれています。イギリスでは、識者が「天使現象」と名づけるほど、天使に遭遇したと主張する人の数が増えているのです。

『タイム』誌の調査によると、アメリカ人の六九パーセントが天使の存在を信じ、守護天使に守られていると信じる人は、四六パーセントにものぼっています。さらに、数ある信仰の中でも、天使を信じるという人の数がもっとも増加しており、その三人に一人が、天使を実際に見たと強く主張しているのです。これは目を疑うようなデータであり、私が天使に関する研究をはじめる大きなきっかけとなりました。

では、イギリス人もアメリカ人と同じように考え、似たような経験をしているのでしょうか。そして、もしそうならば、私にその経験を語ってくれるでしょうか。これが、私の四年がかりの博士論文の骨組みとなったテーマであり、その研究データと結果をまとめたものが本書になったのです。『タイム』のアンケートに匹敵するような調査は、イギリスではまだ実施されていません。もっとも近いものは、マンチェスター大学アリスター・ハーディー研究センターのデビッド・ヘイ元所長が神秘体験について行なった調査です。この調査から、イギリスでの結果はアメリカのデータに大変近いことがわかりました（いずれも調査対象者の三分の一が強烈な神秘体験をしたと考えています）。したがって、おそらく天使に関する数字も、だいたい似通っていると考えられるでしょう。

人生を変えてしまうほどの体験

いまや、天使を見たという体験談は、日常的なものとなっています。インターネット上には、毎日何千というアクセス数を誇る天使に関するウェブサイトが何百もあり、次のような文句が氾濫《はんらん》しています。——「エンジェルヘブン・ドットコムでは、天使をすぐそばに感じることができます。さあ、中に入って、あなたの体験談を聞かせてください。チャットルームや、エンジェル・グリーティングカードのご利用ができるほか、天使についての質問も受けつけています。また、優れた執筆陣によるウィークリーコラムや、エンジェル・グッズもお楽しみいただけます」

さらに、守護天使のブローチは人気を誇り、天使に関する数え切れないほどの本やニュースレター、雑誌が出版されています。天使をテーマにした人形やテディベア、お皿、絵、置物、そして文房具なども店先にあふれています。イギリスには、天使グッズ専門のショップや通販カタログもあるほどです。テレビでも、天使との遭遇を扱った番組（キャロル・ボーダマンの『ミステリーシリーズ』や、『キルロイ』、GMTV、『ザ・ビッグ・ブレックファスト』など）が増えており、超常現象に関する雑誌や本の売れ行きも好調です。かと思えば、手紙や電話、インターネット、面談などで、天使のスペシャリストに自分の守護天使について教えてもらうこともできます。特別料金を払えば、守護天使の名前だけでなく、その姿を絵に描いてもらうことも不可能ではありません。

また、イギリスでは、天使とコミュニケーションをとって悩みごとを相談できるエンジェル・グループ・セラピーや、瞑想で守護天使を見ようと試みるワークショップまであるのです。

つまり、天使はいま、「ブーム」なのです。しかも、アメリカからイギリスにやってくる他の流行と違って、このブームは、ずいぶん息が長いようです。イギリスでは臨死体験や宇宙人による誘拐の体験談も流行が見られ、いまでも報告例がありますが、メディアで取りざたされたのは、ほんの一時期に過ぎませんでした。ですから、私が一九九〇年代に天使というテーマを扱おうと決めたとき、おそらく流行はもうすぐ終わってしまうか、遅くとも二〇〇〇年を過ぎたころにかならず終焉を迎えるだろう、と私は考えていたのです。ところがそれは、間違いだったようです。天使ブームは、いまなお盛んで、当初よりもさらにその勢いは増しているのですから。

私は、小さいころから宗教という概念に魅《み》せられてきました。信者であろうとなかろうと、あるいはただ名ばかりの信者や、神の存在を知覚するのは不可能だと考える不可知論者であろうと、宗教は一人ひとりの人間に影響しています。

大学時代の私は、原始宗教にとりわけ興味をもちました。宗教はどこで始まったのでしょうか。最初の哲学とは、どんなもので、神という概念は、どこで生まれたのでしょうか。そういった問題に心を奪われたのです。そして、バーミンガム大学で神学を専攻していた当時、イギリスで天使ブームの前触れが見られることに気づきました。一九九七年にはじめて天使に関する短い論文を執筆して、当初考えていたよりも、この現象にはもっと深い何かがあることがわかったのです。そこで、研究分野をさらに広げるべく、人類学の修士課程に進み、博士課程のいまに至っています。

残念ながら、神学専攻に対する固定観念はいまだに根強く、それに比べると私はちょっと変わり者のヒッピーのようなタイプか、偏《かたよ》った宗教観をもっていると見なされることが多いようです。実際の私は、正反対の人間です（そして、神学専攻で典型的と思われるような人にも、お目にかかったことはありません）。

学術論文などを書くときは、客観的に、不可知論の立場から見ることが大半です。天使を信じる人がいる、という事実は肯定しますが、私自身が信じるかというと、まだわからないのです。それは、これまで得たデータには、はっきりとした結論を出せる証拠がないからです。

心理学では、ビジョンなどの超常現象を解き明かすいろいろな説が提唱されていますが、忘れてはならないのは、そうかといって心理学的・医学的な理論で、私が調査した体験談をすべて説明できるものでもない、という点です。私たちの多くは、物質的な世界を基盤として、すべての現象は科学的に説明がつくのだと考えがちです。その一方、ときにまったく合理的・論理的には説明できない物事もあるのだと、ためらうことなく認める人も少なくありません。

この数年のあいだ、涙を流す聖画やキリスト像やマリア像、そして磔刑のキリストと同じ傷が体に現われる聖痕現象、サイキックヒーリングなど、さまざまな神秘経験やビジョンについて私は研究し、目撃してきました。また、新しい宗教ムーブメントについても調査を進めてきました。基本的に人間が好きなので、私の好奇心の源《みなもと》は、社会・個人レベルで宗教がどのような影響を人間に与えるのか、という疑問にあります。今回の研究の場合、天使との遭遇という神秘体験は、人生や世界観を変えてしまうような効果を体験者にもたらしています。

プロジェクトはこうして始まった

天使に関するこのプロジェクトの船出は、地元の教会のニュースレターに寄せたほんの数行の文章から始まりました。スタートには、それがもっともうってつけの方法だと考えたからです。地域のマスコミやさまざまな宗教関係の出版社が興味をもち、すぐにタブロイド誌や高級紙、雑誌などもやってきました。とりわけクリスマスの時期になると、私はラジオ番組に招かれ、研究について、具体的にどういうことをしているのか説明する機会を得ました。まもなく、天使に関する記事がメディアにあふれるようになり、天使にまつわる体験談を私に送るよう呼びかける募集広告の掲載にこぎつけたのです。

どこから着手するべきか、というのが、このプロジェクトのいちばんやっかいな点でした。天使論や芸術における天使など、天使に関する文献は豊富にあります。ところが、学術的なものとなると、神秘・宗教体験に関するものを除いて、天使のビジョンやそれにまつわる経験についてのデータは、まったくといってよいほどなかったのです。実は、天使という研究テーマは、計画的なものではなく、運や偶然と、ユーモアが重なった結果でした。アメリカでの調査について知ったあと、天使に関する体験談について研究をしたらどうだろう、と冷やかし半分で大学側に持ちかけたところ、「それができるのは君しかいないだろう」という答えが返ってきたのです。まるで闘牛の前にひらめく赤い布だったというわけです。このようにして、このプロジェクトは始まりました。

チャレンジ精神が旺盛で、負けず嫌いの私は、イギリスでの天使にまつわる体験談の数と内容について調べることを目標にしました。まず、天使に会ったと主張する人や、天使にまつわる体験をした人の証言を集めることからはじめました。体験談をまとめた本はいくつかありましたが、いずれもエピソードの数は六〇件を上回るものはなく、聖書の教えに合うような体験談のみを引用しているものが多かったのです。必要なデータは少数でよいことは明らかでした。本プロジェクトが現在のような規模になったのは、メディアの注目度によるところが大きいのです。

こういった経緯から、私の呼びかけが、クリスチャンとそれ以外の人たちに平等に伝わることが、大切なポイントとなりました。天使の体験談が、キリスト教の信者以外の人にもよく見られるのかを知りたかったのです。貧しい学生の身だったので、まず次のような簡単な広告を地元バーミンガムのローカル雑誌やフリーペーパーに出しました。


あなたは、天使に会ったことがありますか？　博士課程の研究のため、天使に遭遇したことのある方の体験談を募《つの》っています。あなたの体験談をまとめたものと、体験時の年齢と信仰を書いてください。また、体験があなたにもたらした精神面などでの影響も教えてください。あて先は次の通りです——

私の世間知らずぶりが見て取れたようで、最初に寄せられたほんの数件の返事だけで、このような方法は間違っていたことがわかりました。住所を載せるのなら有料広告だけれど、電話番号だけなら無料、という新聞にも広告を出したおかげで、変な電話が殺到し、すぐに番号を変えなければならなかったのです。考えてみれば、この広告の文句は少し曖昧《あいまい》な上、妙な誤解を招くようなものだったのかもしれません。それにしても、バーミンガム住民の想像力が豊かなのには、参ってしまいました。

幸い、いま思えばとんでもないこの広告を真剣に目に留めてくれたジャーナリストもいました。はじめに広告を出した新聞が、地元での関心をひくような記事を書いてくれたのです。記者が大新聞に記事を回してくれたほか、チャーチプレス社も私の研究プロジェクトを紹介する小さな記事を載せてくれました。まもなく、イギリスの全国紙でも記事が扱われ、ついにはＢＢＣ放送の『エブリマン』という番組で天使の体験談が特集されたのです。

この番組の宣伝のために、私は外国のテレビやラジオなどでも話をしました。特にニュージーランドやオーストラリアでの関心は高かったのですが、今回の研究対象は、イギリスに住む人の経験だけに限定しました。また、ワイドショーまがいの番組には出演しませんでした。天使というテーマは大いに関心を呼んだので、私は手紙を寄せてくれた人たちを守りたかったのです。体験談を送ってくれた人たちは、信頼できる研究のために使われると信じ、秘密を教えてくれたのですから。テレビで名前が出たりすれば、からかわれることにもなりかねません。

他の研究者たちからは、番組に出なくても構わないから、天使の体験者を一〇人くらい紹介してほしい、という懇願に近い声が多く寄せられました。このことひとつをとっても、こういった体験をもつ人を探すのがどれだけ難しく、私が多くの手紙を受け取ったことがどれだけ幸運だったか、おわかりいただけると思います。本書の執筆に関してもそうですが、テレビ番組で具体的な体験談の例を出した場合は、一人ひとりから承諾を得ました。それでも、協力していただいた方たちのプライバシーの保護を大切にしなければ、と私は考えています。このテーマが、からかいの対象になりやすいことをよく知っているだけに（さまざまな会議でどれだけ議論を戦わせたことでしょう）、しっかりと管理したかったのです。

宗教関係以外のメディアではじめて私の研究プロジェクトと目的について取り上げてくれたのは、地元の『バーミンガム・ポスト』紙でした。取材を受けたとき、私自身が天使を見たことがあるかどうか、質問されました。私は、わからないけれど、誰しも人生の中で不思議な偶然を体験するものであり、私もその一人だと考えたい、と話しました。そして、ためらいながら、エジプトでのエピソードについて話したのです。

彼らは天使だったのでしょうか

一九九五年の夏、エジプトとイスラエルへの旅行も中盤に入ったころ、天使の体験談とも解釈できるような出来事がありました。シナイ山の夜間登山ツアーに参加したときのことです。頂上までの道のりはたいへんでしたが、登りがいがあり、日の出は素晴らしいながめでした。深く考えもせず、私は友人と写真を撮りに皆のいる場所を離れ、そのまますっかり時間を忘れてしまいました。そして元の場所に戻ったところ、ツアーグループの姿が見えなくなっていたのです。私たちが先に行ってしまったものと考え、すでに下山をはじめてしまったのです。

下りは道筋がわからず、困難を極めました。登りの道中は真っ暗闇で、途中ラクダに乗っての登山だったからです。私たち以外には、前にも後ろにも誰もいません。険《けわ》しい山道を自分たちだけで下らなければならないと思うと、ぞっとしました。登りは冒険家気取りで勢い込んでいた私たちも、もはや、ただの腰抜けの観光客でした。おまけに道を間違えたようで、ぐらぐらとした巨大な岩が転がる、危険極まりない山道を降りて行くことになったのです。

なす術《すべ》もなく、私たちは真剣に祈り、生まれてはじめて、私は狂ったように大声で泣きじゃくりました。不思議なことが重なったのは、その後のことです。まず、白く長い服を着た人が下の方の岩棚を行くのが見えました。他のアラブ人と同じく、登山グループのリーダーもそのような服を着ていたため、はじめはリーダーかと思いました。でも、私たちがその人物がいたところに近づいたと思うと、その姿は消えています。そういったことが何度か繰り返されたあと、今度は、巨大な岩の後ろから、若い素敵なフランス人のカップルが現われたのです。

私がまず驚いたのは、その二人が、六時間ほど登山をしてきたはずなのに、とてもこぎれいで、おしゃれな様子だったことです。特に女性の方は、ヴォーグ誌の表紙から抜け出してきたような美人で、薄いデニムのショートパンツをはき、美しい茶色の長い髪をしていました。そして不思議なことに完璧な英語を話すのです。二人のあまりの落ち着きぶりに私たちは呑《の》まれてしまい、自分たちの置かれた状況をきちんと見つめることができ、落ち着きを取り戻すことができました。二人は険しい峠道で私たちに手を貸し、ふもとまで送り届けてくれました。そこでようやくツアーグループに再会しました。リーダーは大変心配し、もうだめかと観念していたそうです。私たちが二人にお礼をいおうと振り返ると、二人の姿は消えていました。

その後キャンプに戻ってから、現地のイスラム教徒に、こういわれました。その白く長い服を着た人物と、フランス人のカップルは、天使だったのではないか、と。

私自身は、この経験を天使の体験談とは考えていません。しかし、おそらくそれにもっとも近いものだといえるでしょう。

神学的には、祈りが聞き届けられ、神が危険な状況から守ってくださったのだということなのでしょう。あるいは、本来は人間と違う周波の世界にいる天使が、私たちの周波に合わせてくれたとき、はじめてその姿が私たちにも見えるのだ、という意見もあります。先ほどのイスラム教徒がいったように、白い服を着たままでは私たちが他の人と見間違えてしまうので、天使はカップルに姿を変えて現われたのかもしれません。ひとつ確かなのは、このカップルは人間の姿こそしていましたが、普通とは違う何かがあったということです（その落ち着きぶり、美しさ、そして最後に忽然《こつぜん》と姿を消した点などです）。

あるいは、つまらない説かもしれませんが、私たちは、すでに七時間以上も休みなく歩き続け、空腹で脱水状態に近かったこと（バックパックは登山グループがもっていたのです）を考えると、あれは私と友人が同時に見た幻覚で、そのとき望んでいたものを見ただけなのかもしれません。暑さや空腹、のどの渇《かわ》き、そして何か変わった体験をしたい、という強い希望も一役買ったことはまちがいないでしょう。ただそれだけのことだったのかもしれません。心理学的には、困ったときに守護天使が現われるというカトリックの教えが、幼いころから心の奥に根づいていたということも考えられます。パニック状態だった私の精神が、平静を取り戻そうと、心に封じられていたイメージを取り出したのかもしれません。このようにさまざまな説明はできても、真相はわからないのです。ただ、説明しきれたからといって私の経験が消えてしまうわけでもありませんが。

どのようにして起きたにせよ、とにかく、この出来事は、ずっと私の心に残っています。ただしその結末は、私に寄せられた体験談ほどドラマチックなものではありません。この出来事が転機となって聖職についたり、自分の人生が一八〇度変わったりはしませんでした。あれが天使との出会いだったのか、幻覚だったのか、あるいは想像力のなせる業《わざ》だったのか、私にはわかりませんし、これからも知るすべはないでしょう。

はじめは、こういった私の考えを『バーミンガム・ポスト』紙の記事で明らかにするべきかどうか、悩みました。学術的な研究には、主観を織りまぜるべきではないからです。しかし、ジュディス・シュリンプトンから最初に受け取った手紙で、そのような迷いも吹っ切れたのです。

あなたの経験を発表するのは、とても勇気がいることだと思います。現代は、疑いに満ちた時代です。この種の体験談は、奇想天外な空想だとあしらわれ、変わった人間、危ない布教者としてかたづけられることが少なくありません。私は、世の中のこういった風潮が、自分の経験を分かち合おうとする人の気をそぐのだと考えています。今回の記事で、こういったタブーが破られることを願っています。

この後にも同じような意見が寄せられ、私のアプローチの方法は誤っていない、と再確認できました。私は、天使にまつわる体験をした人たちと同じ目線にいる、と認められたのです。私自身の考えをはっきり伝えたことにより、体験者の皆さんが、疑われたり冷笑されたりすることを恐れずに、自分の体験談を話そうという気持ちをもってくれたようです。「このテーマをまじめに、それでいて決してもったいぶらずに取り上げてくれたこと、そして、私たちの体験談を話す機会を与えてくれたことに、お礼をいいます」と。

二一世紀になったいまでも、メディアのアプローチは、天使をとりまく独特の神話と幻想を繰り返しています。天使という概念は、聖書では何の違和感もなく受け入れられていますが、現代社会ではなんとも大げさで現実離れしたものなのです。『バーミンガム・ポスト』紙も指摘していますが、天使を信じる人（ましてや見たことのある人）は、少し変わっているか、おかしい、と見られることがほとんどです。しかし、本書で数々の体験談を紹介することによって、そのような考え方は間違っていると証明できたのではないかと、私は信じています。

「天使」という研究テーマ

この四年間、私は天使に遭遇した人たちについて研究してきました。たいていの人は、まず、なぜ天使をテーマに選んだのか、と質問してきます。私は、天使ブームの再燃やその魅力、そして天使に遭遇したという人にひかれてやまないのです。では、天使の体験談はキリスト教の神を信じない人に限られたものなのでしょうか。つまり、神を信じるまではいかないけれど、天使なら都合のよい妥協策ではないか、と。まるでやわらかいメレンゲのように優しい天使は、誰もが気軽に利用できる頭痛薬のようなものなのでしょうか。それとも、このブームには、何か他の意味があるのでしょうか。私は、あるはずだ、と考えています。

私自身も、不運と幸運両方の、いろいろな偶然の出来事を人並みに経験していますが、それを天使のとりなしと考えたことはありません。それは、私の経験が、本書で紹介するようなエキサイティングなものではないからです。天使に遭遇した人は、それが天使だと直感するものです。まったく疑問の余地もないほどに。

アメリカで一世を風靡《ふうび》したものは、だいたいがイギリスでも大流行します。天使ブームもその例に漏れず、アメリカでは一九九〇年代はじめにそのピークを迎えました。当時、『ウォールストリート・ジャーナル』は、次のような記事を載せています。

アメリカでは、守護天使の存在を肯定するだけでなく、天使と何らかのコミュニケーションをとっている、と主張する意見がさまざまな社会層で再燃している。天使学のセミナーや講義、そして天使との遭遇談に関する出版物の数は目立って伸びており、人々の日常に天使の存在が受け入れられはじめていることを示している。体験談には、天使が霊的な存在であり、男女の別がなく、高い知性の持ち主であり、一瞬のうちに移動し、あたたかさと喜びに満ち、協力的であり、競争を好まない、という共通項が見られる。

「天使の体験談とは何か」という質問に答えるには、それだけで本が一冊書けてしまうのですが、それはまた、以降の章で詳しく掘り下げていくことにします。すっきりとした答えが出せないのは、天使の姿が実に多様だからです。多くの人が想像するような、白い衣をまとった、翼の生えた金髪の男性（または女性）だけではありません。その姿はさまざまで、巨大な翼をもつ見上げるように長身の天使を見た、と話す科学者もいれば、バスや電車の中で、天使を日常的に見るというユダヤ人のホスピスワーカーもいるのです。

ある人は、水の事故で死ぬところを天使に助けられ、また心臓バイパス手術を控えていたあるイスラム教徒は、キリストに似た天使を見て、勇気づけられたと話しています。ある盲目の女性は、目が見える人に人間の姿が見えるのと同じように、天使が見えるといいます。また、車が猛スピードで突っこんできた瞬間に、何かの力でふわりと持ち上げられ、階段を飛び越え、閉じられたドアを突き抜けたという経験をもつ女性もいます。このとき、彼女は膝の裏に翼を感じたそうです。さらにまた別の女性は、地下道をおびえて歩いていたときに、ある女性に守られ、その女性の姿はすぐに消えてしまったと語っています。このように、天使の姿のバラエティは尽きないのです。

現代人の思い描くもっとも典型的な天使のイメージというと、ビクトリア朝後期のスタイルの、クリスマスツリーのいちばん上の飾りやグリーティングカードにあるような、典型的な姿の天使でしょう。たいてい白く光るような衣をまとい、翼や頭光があり、美しい姿をしています。ご想像の通りかもしれませんが、本書の体験談にいちばん多く登場するのが、このような姿をした天使です。

一方で、人間の姿をした天使を見た人もかなり多いのです。このタイプの体験談では、危機に瀕《ひん》したときに、見知らぬ人がいきなり、どこからともなく現われる、というのが典型的なパターンです。そして、なすべき仕事が終わると、天使はスッと消えてしまいます。このような経験をした人は誰もが、その見知らぬ人は普通の人とかけ離れた何かを放《はな》っていた、といいますが、その「何か」を的確に説明することはできないのです。

神学者は、天使は人間の形をとる場合もあるが、姿をもたない場合もある、としています。たとえば、天使らしき存在だけを感じる人もいれば、自分では見えも感じもしないけれど、他の人に指摘されてはじめて、天使がいたことがわかった例もあります。

有名な事例として、アリス・Zのエピソードがあります。アリスはキリスト教セブンスデー・アドヴェンティスト派の信者で、フィリピンの治安の悪い地域で本の訪問販売をしていました。ある日、地域の家で、中に入るように招かれたときのことです。その家の番犬たちも牙《きば》をむくことなくアリスにしっぽを振ってきました。家の人は、そこにアリス以外の人がいるかのように、椅子をひとつ余計にすすめながら、「ご友人は白がよくお似合いですね」といったのです。アリスには、その「友人」の姿が見えませんでしたが、何人もの目撃者がその白い服を着た人物を彼女の傍《かたわ》らに見た、と証言しています。

ある意味では、天使に関する関心が強まったことによって、人々の感覚が慣れてしまい、このような話のもつインパクトが弱まったともいえます。それでも私は、その力は以前と変わらないと考えています。ニューエイジブームが、現在の天使に対する関心の高まりに役立ったのは間違いありませんが、それだけではないと思います。天使は最近の現象ではありません。今回の研究でわかったのですが、体験談を寄せてくれた人々の多くが、昔の体験を語っており、中には六〇年前というものもあります。いまになって、やっと話せるようになったということなのです。また、両親や祖父母から伝え聞いた体験談を送ってくれた人もいます。

また、目には何も見えなかったけれど、天使の存在を感じ取った、という人もいます。ある女性は、車の多い道路を渡ろうとしていたところをシャツの襟《えり》をつかまれ止められたといいます。誰がそんなひどいことをするのだろうと振り返ったそのとき、車が猛スピードで目の前を通り過ぎたそうです。もし止められていなかったら、はねられていたことでしょう。しかし、あたりには、そのようなことができる人は見あたらなかったのです。こういった体験談は第三章で紹介しますが、その数は決して少なくありません。

天使に会える人・会えない人

なぜいま、天使に対する注目が急に高まっているのでしょうか。たくさんの要因が考えられますが、まず、二〇世紀から二一世紀へ移行していく中で、ニューエイジやスピリチュアルなものに対する関心が強まったのだといえるでしょう。また、普遍宗教への関心が低くなっている風潮と、天使ブームとを結びつける考え方もあります。こういった不思議な体験は、スピリチュアルな面で満たされたいという人間本来の欲求の現われに過ぎないのだと。私たちの世代の多くが、強い信仰をもたずに育ってきたことを考えると、天使ブームは、人間を超える存在を渇望する、私たちの欲求のしるしなのかもしれません。それこそが、大昔から宗教が誕生する根源的な要因なのですから。

私自身は、グローバリゼーションがこのブームの謎を解く鍵だと考えています。たとえば、インターネットの普及により、個人の考えや体験談などを世界じゅうに発信することができるようになりました。そして、こういったことが語られる機会が増えるほど、障壁やタブーも少なくなるのです。天使の体験談が前より多くなったということではありません。ずっと前からあったのですが、いまはもっとおおっぴらに語られるようになったのです。

では、天使に遭遇した人は、どういった人たちなのでしょうか。もっともシンプルな答えは、「誰でも」というしかありません。体験談を寄せてくれた対象者には、これといった共通項が見つからないからです。病棟で天使を見たという医者や看護師、そして警察官や学者、牧師、銀行員、物理学者、弁護士、議員など、その職業は実にさまざまです。つまり、あらゆるバックグラウンドや信仰、職業の人が天使を体験しているということです。一方で、体験者は、少しでも信じてほしいという気持ちから、次のような前置きをしています。

私は分別にたけた合理的な人間で、訳のわからないことをいったり、ばかげた想像をしたりするようなタイプではありません。

当時は、視力も完璧でしたし、薬もまったく使用していませんでした。ヒーリング系のクリスタルなどにも、まったく興味はありません。

私は、神経・精神疾患などはいっさいわずらっていない、ということを強く申し上げておきたいと思います。

ある人は、次のように主張しています。

昨日の『デイリー・テレグラフ』紙にあった、あなたの研究に関する記事を読み、ペンをとっています。まず、以下の点についてはっきりとお伝えします。

①私は、過去、現在、そして将来も、処方・投与されたもの以外、絶対に薬物を使用することはありません。むしろドラッグに関する問題を許せないと思っており、かかりつけの医者に、こう伝えたことがあります。どのような痛みがあっても、医療目的でマリファナを処方することは、たとえそれが合法化されたとしても、絶対にやめてくれと。

②私は、精神的に不安定な人間ではありません。また自分ではそう思わないのですが、私のことを長年よく知っている病棟の人間は、私の冗談好きを直してほしい、と思っているようです。

③この件があった時間、アルコールの影響はまったくなかったはずです。

飛行機や宇宙船から天使が目撃されたという情報も、長年ささやかれています。パイロットによる報告があるほか、空にいる天使の姿が撮影された事例もあります。この事例では、飛行機の調子がおかしい、エンジンの少なくともひとつが故障しているようなので緊急着陸をする、と乗務員が管制塔に連絡していました。その直後、機体のすぐ横を何かが飛んでいる、という報告がありました。このときの会話が録音されたテープによると、一時はパニック状態に陥《おちい》っていたパイロットたちが、まもなく落ち着き、その声はおだやかでさえあったといいます。管制塔側の記録テープにも、フロントウィンドウの外で天使が舞っている、と話すパイロットの会話が残っています。乗務員の一人が、コックピットにいたパイロットのカメラで写真を撮りました。いくつか撮ったうち、天使が写っていたのは一枚だけでした。

テキサス州ヒューストンとフロリダ州ケープ・カナベラルの宇宙センターの内部情報によると、スペースミッションのほとんどにおいて、宇宙飛行士が天使を見たという証言があり、ある飛行士は、天使が地球までついてきた、と主張しています。『サン』紙（イギリスの有名なタブロイド紙と同名ですが別物です）には、「ＮＡＳＡ飛行士、宇宙で天使を目撃」という見出しの記事が載りました。また、ＮＡＳＡの飛行士は、軌道を周回中に何百もの天使に遭遇したといっています。スペースウォークのときに自分の上を天使が飛んでいたと証言している飛行士もいます。

天使の遭遇談がこれほど多様な文化や社会で報告されていることの意味は大きいでしょう。数々の学説や壁は、もはや崩されることになります。理論的には、翼のある典型的な天使の姿は、文化的な背景に負うものが大きく、文化に植え付けられたイメージを見ているのだともいえます。たとえば、キリスト教系の芸術でおなじみの天使の姿を見慣れていないイスラム教徒は、典型的な天使の姿ではなく、イスラム教的なイメージの天使を見るはずです。しかし、第八章で紹介するアンヴェール・ハジーの経験のように、例外もあります。

天使を信じる人や遭遇談の数が倍増するにつれ、関連書籍の数も新たに増えています。私が研究をはじめるずいぶん前に気がついたのは、昔からある聖書や神学的な書物と、最近のニューエイジやスピリチュアル系の本との違いから、問題が生じることもあろう、という点です。また、個人の体験談を含んだ本の場合、情報が偏っていることが多いのです。こういった本のもととなった資料は、それぞれ著者が集めたものなので、私にはそのデータの詳細や数はわかりません。また、本に含まれなかったエピソードの内容や、それがなぜ省かれたのか、その理由ももちろん知りません。

こういった理由から、当初から既存の書籍に記載された体験談はいっさい使わず、自分で集めたデータのみに基づいて研究を進めることにしました。ですから、本書のデータはすべて私個人のところに寄せられたものです。明らかに本当の話ではないと思われるものや、薬物などの服用者から来たと思われるものだけは、対象から外しました。

私は、このプロジェクトと本書が、いままでの天使関連の文献を補足し、そしてその発展に貢献するものとなるよう、努めました。既存の文献は、クリスチャンか、キリスト教教会系の出版社が出したものか、あるいは体験談だけを綴《つづ》ったものしかありません。学問的な立場から、もう少し深くこのテーマを探求し、かつ誰でも読みやすいようなものをつくりたいと考えました。本書が、現在ある文献のギャップを埋め、天使の体験者や天使に興味がある人、そして同様の研究を進めている人に役立つことを願っています。

しかし、はじめる前に、まず「天使とは何か」という単純な質問について考えなければいけません。たとえば世論調査で調べたとしたら、同じ答えはひとつとしてないでしょう。ある会議後の懇談会で、天使の姿とはどういうものだと思うか、と他の代表者たちに質問したところ、活発な討論を招くことになりました。天使の概念は、霊魂や幽霊、エネルギー、ニューエイジ的な光に関する考えなどと深く関わっているのです。まず、最初の第一章では、体験談で天使がどのようにとらえられているか、いろいろな形態について見ていきます。

そこで紹介するのは、私のもとに寄せられた三五〇件の体験談やデータから選び出したものです。必ずしも私自身の考えを反映するものではなく、集めたものをそのまま再現したのみです。それでは、その結果を見てみましょう。

もくじ

第一章　こんな天使に会いました

そして、二メートル半はあろうかという長身の光り輝く姿が現われたのです。一見、金箔でできているように見えましたが、すぐに光なのだと気づきました。

「はじめに」でも触れたように、天使はさまざまな姿で現われます。見えない翼で包まれた、あるいはほほえみに抱《いだ》かれた、という形をとることもあれば、「兵士のようで、手足は頑強そうでがっしりとした体格をしていました。ローマ時代の兵士のような鎧《よろい》を身にまとい、旧約聖書の英雄サムソンも顔負けの勇ましさなのです」という報告もあります。

天使の「姿」には、他にも数え切れないほどのバラエティに富んだ形態や感覚があります。聖歌隊の歌声、メッセージを伝える声、そして危険から救うべく体を移動させてくれる力などは、その例です。また体や心に受けた感覚だけで天使が現われたと感じた人たちも多く、白い羽根だけが送られてきた、というケースもあります。

天使の姿や形、そして大きさや色は、体験した本人が育った文化に影響されています。エチオピア人の目撃するキリストは黒人で、白人の場合は白人であるのと同様、イギリスの中流階級でクリスチャンの白人は、白人の天使を見ると考えてよいでしょう。例外は、このプロジェクトの対象者のうち、たったの三名でした。そのうちの一人は、イギリスで出産した時に、ターバンを巻いたインド人の姿を見た、といい、他の二名は、外国旅行中に、訪問先の国の人の姿をした天使を見たそうです。

図01は、私のもとに寄せられた三五〇通の体験談を形態別に整理したものです。この他にもさまざまなタイプが報告されましたが、わかりやすさを優先してまとめました。天使がかぐわしい香りとともに姿を見せるなど、複数のカテゴリーにあてはまる場合は、ひとつのグループにくくりました。たとえば、翼のある天使や人間の姿をした天使を見た上に、その声も聞いたという例は、聴覚や他の感覚よりも視覚の方を重視し、視覚的経験として分類しました。

想像を超えた経験

ここでは三一パーセントあまりの対象者が、翼のある天使など「典型的な」姿の天使を見たと答えています。ルネサンス時代やラファエロ前派の絵画から抜け出てきたような、白く光る衣《ころも》をまとった神々《こうごう》しい天使を見た事例は、すべてこのグループにまとめました。このグループの典型的な特徴をよくあらわしているのが、次のエピソードです。

図 01・天使はどのような形態だったか

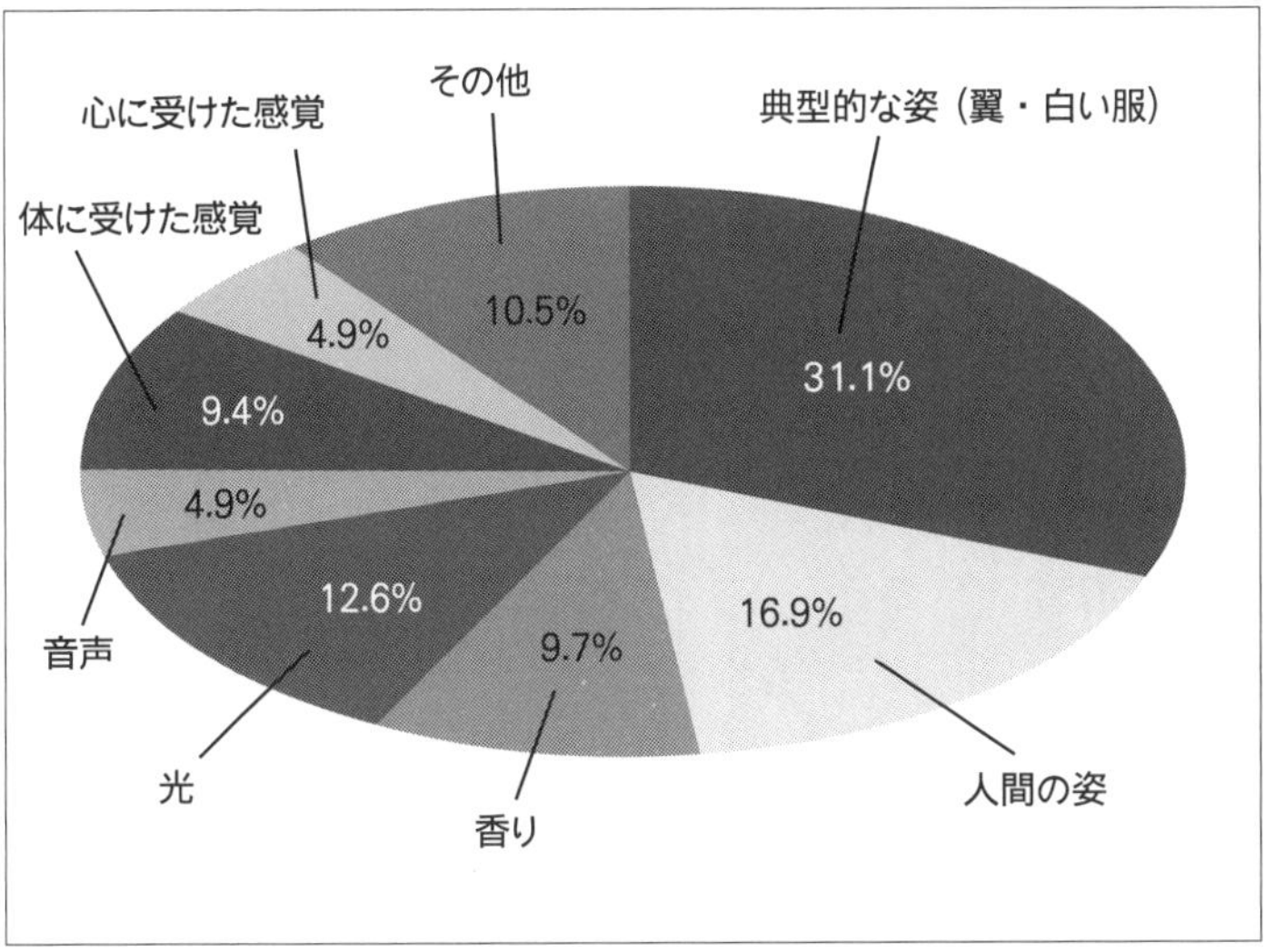

天使の姿は光り輝き、ラファエロ前派のバーン＝ジョーンズの絵画にある女神のようでした。ふわりとした長い衣をまとい、襟には宝石が散りばめられ、鼻すじの通った顔をしています。髪や目の色はわかりませんが、えもいわれぬほど美しいのです。こんな話をすると、頭がおかしいかと思われるかもしれませんが、そうではありません。

また、外見が少し異なっていることもあります。

その衣は、白ではなく、ブルーかグリーンの厚手の生地《きじ》で、襟元までボタンがかかっており、翼の先端らしきものも見えました。

また、このグループには、天使が光を放っていたというケースも多く、それを頭光とみなした人もいました。さらに、翼の有無にかかわらず、白い衣をまとった姿を見たという場合は、すべてこのグループに加えました。体験談を寄せてくれた人の中には、翼があるのは当たり前だと考え、あえて翼について触れなかった人もいるかと考えたからです。一方、翼を見たという人は、いずれもその姿を見事に描写しています。

本当に翼があるのには驚きました。さらに意外だったのは、翼が頭から足もとまで届くほど大きかったことです。

ベッドの柵に女の子の天使が二人座っていたのです。一人は長く波打つような髪で、もう一人は肩までぐらいの長さの髪でした。そしてその翼は、まるで私たちを守るように広げられていました。

するといきなり、「天使」が現われたのです。外見の印象は薄く、顔も覚えていないのですが、なによりその巨大な翼に圧倒されました。そばにいた主人に、どんなにその翼が立派で美しいか、教えました。とにかく、翼の印象がそれほど強かったのです。そして、

現われたときと同じように、天使は忽然と消えてしまったのです。

聖書に現われる天使はいずれも男性ですが、芸術作品に描かれる天使は女性であることがほとんどです。おそらくそのほうが、天使の美しいイメージを表現しやすいのでしょう。また、男性の場合も、天使は昔から中性的存在とみなされていることから、フェミニンな雰囲気を漂《ただよ》わせていることが多く、地上の美男美女とはちょっと違う神々しい美しさはそのためです。ですから、天使の遭遇談の多くで、女性の天使が見られているのも不思議ではありません。天使の大方が性別不明の姿で現われていますが、次のような例もあります。

私が見た天使は、男性だと思います。胸部が女性のようではなく、平らだったからです。体が透《す》けていたので、後ろにあるタンスの引き出しが見えました。おそらく、翼もあったかと思います（そうでなければ天使だとは考えなかったでしょう）。髪は耳の下あたりまでの長さで、長くゆったりとした衣を着ていました。私はベッドに横になっていたので、それがどれぐらいの長さかはわかりませんでしたし、足も見えませんでした。

天使に決まった背丈はありませんが、かなり大きいことが多いようです。「部屋いっぱいの圧倒的な存在感で、天使自身が命じでもしなければ、他のものが入る隙《すき》もないほどでした」とか、「見上げるほど背が高く、二メートルを優に超えていました」などの声が寄せられています。

子供の天使などのタイプの天使を見たという体験談は、あまりありませんが、たとえばジューン・カルバートは、一二歳のときにおたふくかぜで寝込んでいたとき、こんな経験をしています。「夜、気分が悪くて起きてしまい、寝返りをうっていると、かわいらしい天使の顔が二つ、小さな翼とともにぽっと浮かび、私が寝つくように優しくあやしてくれたのです。天使と聞くと、いつもこの出来事を思い出します」

ダーン・ダウニーは、一九九七年九月のある日、彼女に起こった出来事をこう綴っています。

ここに引っ越す前、モダンなつくりの家に住んでいたときのことです。朝食をとり、テレビのニュースを見ようと下に行きました。その家は開放的な間取りで、ダイニングには、東向きの大きな一枚ガラスの窓がありました。ここから朝日がさしこんで、広いリビングを光でいっぱいに照らすのです。ちょうど、ソファで食事をしながら朝の番組を見ていたのですが、ふとテレビから目をそらし、朝日のあたるカーペットの部分に目をやりました。

私が経験したことは、テレビの画像が太陽の光によってカーペットに映し出されていただけなのかもしれません。どのようにでも説明できますが、私から数歩ほど先の床の上に天使が座っていたのは事実です。

その天使は、首と袖《そで》のところにギャザーのある、コットンのスモックを着て、後ろにくるんとした金髪の巻き毛のある、一歳半くらいの赤ちゃんでした。私にも小さい子がいますので、それがいわゆる「ベビー・カール」で、生まれてから一度も切ったことのない巻き毛だとわかりました。つるつるの赤ちゃん肌で、膝や手首には、これも赤ちゃん特有のかわいいくびれがありました。

その天使と、何時間も見つめ合っていたように感じましたが、おそらく実際は数秒間のことだったのでしょう。天使の姿はほのかに輝いており、最初は太陽の光のせいかと思ったのですが、よく見ると、やはり黄金色に天使が輝いているのです。ほほえみかけると、天使は消えてしまいました。二階に行って主人のコリンを起こし、たったいま天使を見た、と話しましたが、一笑に付されてしまいました。他の人たちも同じような反応でした。この天使がいたとき、私は、えもいわれぬぬくもりに包まれたのです。

一方、人間の姿をした天使も決して目新しい概念ではなく、対象者の一七パーセントがこのタイプの天使を見ています。メッセージを送るだけかと思えば、地味なヒーローとして危険な状況から助けてくれることもあり、なすべきことを終えると消えてしまうケースが多いようです。煙とともに消えたり、スーパーマンのように電話ボックスで着替えたり、などということはもちろんなく、お礼をいおうとすると、いなくなってしまう、というような消え方をします。

翼のある姿の天使とは違い、だいたいが現代風の普通の服を着て現われ、人助けをし、消えてしまうのです。ただし、たとえば眼光の鋭い青い眼や、息を呑むような美しさ、超人的な力など、そこには際立った特徴が見られます。次のウィン・ベアストウの場合のように、予言となるようなメッセージを伝えてくれる場合もあります。

私は、八三歳になりますが、大学では理系を専攻した現実的な人間で、空想にふけったりするタイプではありません。あるとき、西アフリカで、私に身の危険を教えてくれた人が天使だと考えざるを得ないような体験をしました。

一九六四年に、リベリアとギニアの国境の近く、シエラレオネの東部にあるカイラフンという僻地《へきち》で、科学と数学を教えていたときのことです。仕事で、首都のフリータウンに行かなければならないことになりました。長く危険な道乗りだっただけでなく、この国で話される言語は二三種類もあったので、一八歳の学生二人を連れて行きました。この二人を合わせれば、途中で通る村や町の言語はすべてカバーでき、ちょっとした機械関係の修理なども手伝ってもらえるからです。

日の出とともに出発する前、私たちはフォルクスワーゲンに乗り、道中の無事を祈りました。現地の人が昼寝をする日中の暑い盛りに、途中に村なども何もない、まっすぐな道を走りました。すると道ばたに、白く長い衣をまとい、白い頭巾をかぶった長身のアフリカ人が、私たちに止まれと合図をしているのが見えました。「決して止まってはいけない」

という学生を尻目に、私はブレーキを踏み、車を止めたのです。

不思議に思ったのは、この男性は、ほかに道も何もないところに立っており、そして、そのこぎれいな衣服から判断するところ、狩猟者でも労働者でもない、ということでした。さらに、彼は豊かな声で完璧な英語を話すのです。現地でこれほど見事な英語を話すアフリカ人は、ほかにはベンツに乗っているような富裕層の人しか知りません。しかしこの男性は、自転車にさえ乗っていなかったのです。

男性は、「道の果てまで行きますと、右に曲がって、川を渡らなければいけません。川にかかっている橋は壊れているのですが、ちょっと見ただけではわかりません。車から降りて、どこが壊れているのか調べてから渡るようにしてください」と教えてくれました。

私はお礼をいい、しばらく運転しました。学生たちはメンデ語でなにやら興奮して話していましたが、私は首をかしげるばかりでした。そして、橋はやはり壊れていたのです。学生たちは、念のため歩いて渡りましたけれどね。


対象者の一〇パーセントは、天使の存在を香りで感じています。「本物の花束のような素晴らしい香り」とか、「亡くなった姉が現われる前は、かならずポプリのような香りがします。姉が伝えてくれるのは、すべて確かで大切なメッセージなのです」などのコメントが寄せられています。こういった経験は、特に、身近な人が亡くなる寸前など、死にまつわるものが多いようです。これについては、第七章で詳しく触れます。

このような香りに関する現象は、さほど不思議でも珍しいことでもないという医学的な説もあります。しかし、花のような甘いにおいがしたというエピソードに関しては、理屈では説明がつきません。特に、身近な人が死を迎えたときに、自宅や、遠く離れた外国にいたにもかかわらず、それまでかいだこともないような甘い花のような香りが漂った、という事象については、医学などでは説明ができないでしょう。

一九五二年に母が亡くなったとき、むせるような花の香りがしたのです。ひとつひとつの花のにおいをはっきりかぎ分けることができました。家族の者はみな、何の香りもしなかったといっています。

数年前、親友が亡くなったときのことです。ある日、帰宅して寝室に入ると、強い花のにおいがしました。主人は、私が香水をこぼしたに違いないと思ったようですが、もちろんそのようなことはありませんでした。時が経ち、その主人も亡くなった数週間後、私が帰宅すると、アパートの玄関がまたあのときの素晴らしい香水のにおいで満たされていました。なぜなのか、いまでもわかりません。

神秘体験にはかならず光が関わっているもので、天使に遭遇したときに光を見たという人が多くいるのも、不思議ではありません。心理学では、このような体験で見られる光は、脳の視覚野における過剰な発火パターンによって引き起こされる現象であるとしてかたづけられています。原因が何であれ、対象者の一三パーセントが光や光線を見ており、それを天使の力や存在だと考えているのです。

天使を専門に描く画家、ビッキー・コープステークは、「私が描く天使は、目で見たものではなく、感じた姿なのです。私に見えるのは、はたはたと動き回る小さなまばゆい光です。そう、まさに『はたはた』という感じなのです」と話しています。また、エルシー・デントのように、光に包み込まれた、という人もいます。一九四四年、二四歳のエルシーは、ノルマンディ上陸侵攻の日からヨーロッパ大陸戦線にいるご主人のことをいつも考えていました。ある夜、輝く光に包まれていることを感じました。目を閉じているのに、なぜその光が見えるのだろう、と不思議に思ったことを覚えているそうです。

すると突然、「ジャック・ヨーマン」という声がしたのです。それは主人の名前ではなく、英国空軍の飛行士だった、いとこの名前でした。私には訳がわかりませんでしたが、光はまたいっそうまぶしくなったかと思うと、消えてしまいました。目を開けると、そこは真っ暗でした。意外にも恐ろしいと思う気持ちは、まったくありませんでした。なんら変わった様子もなかったので、なにやら私だけがあの世を垣間《かいま》見てきたかのようでした。

翌朝、叔母から母に電話があり、戦闘機に乗ってドイツのハムという町を出発したジャックが行方不明、という知らせが入ってきました。まだ、希望はあるとのことでしたが……。私は母に、「ジャックはゆうべ死んでしまったのよ」と教えました。そして、やはり機体が見つかることはなかったのです。


同じような経験として、「まばゆいばかりの光が部屋に入ってきました。まぶたを閉じていても感じるほどのまぶしさです」という例もあります。ある女性は、「そして、二メートル半はあろうかという長身の光り輝く姿が現われたのです。一見、金箔でできているように見えましたが、すぐに光なのだと気づきました」と話しています。

こういった光にまつわる体験談は、臨終の場面以外でも見られていますが、死にまつわるものが多いようです。ある女性は、入院していた母親が死を迎えたとき、頭上から明るい光がまるで矢のように差しこんできたのを見たといいます。

天使の存在を体で感じたとする対象者は、全体の約九パーセントです。文字通り、天使に触れられたと感じた人の体験談については、第二章で紹介します。これは、専門用語で「第三種接近遭遇」と呼ばれる体験です。この用語は、宇宙人との遭遇に使われることが多いのですが、その他の未知の存在との邂逅《かいこう》にも使われます。

第一種の接近遭遇は、視覚的経験で、対象がビジョンあるいは幻覚として見えることをいいます。第二種は、耳や心に聞こえてくる音声、あるいはＥＳＰ（超能力）によって、コミュニケーションが行なわれたことを指します。そして第三種は、超常的な存在と物理的な接触（触れたり触れられたりする感覚）があることをいいます。もっともまれなのは、第四種で、宇宙人による誘拐のケースだけに見られる、性的行為がなされる場合をいいます。

また、対象者の約五パーセントが天使との遭遇を心で経験しています。このグループは、心での感覚のみで天使だと直感したケースをまとめました。Ｅ・オークスは、家のガレージにいたときの、なんとも不思議な体験について私に手紙を寄せています。教会から預かってきた七〇枚の飾り皿をどこにしまおうかと奮闘していたときのことです。

痛む腕で積み重なったお皿を持ち上げていると、ほほえみに包まれたのを感じたのです。目には何も見えませんでしたが、その「ほほえみ」は、隅にある古い箱へと私を導きました。見てみると、からっぽの箱ではありませんか。しっかりしていて、お皿をしまうのにぴったりの箱でした。「ほほえみ」のおかげで、やわらかい翼にくるまれたように気分もすっきりし、なんだか明るい満ち足りた気持ちになったのです。

疑い深い人は、それはただの勘だろうとか、心の声だろう、というかもしれません。しかし、対象者の体験は、それよりはるかに強烈な感覚なのです。次に紹介するポール・ダンウェルは、夜、時速一一〇キロでオートバイを飛ばしていたとき、カーブを曲がりきれず、事故を起こしました。その何分か前に、同じようにスピードを出している赤いスポーツカーを追い越しています。ポールは次のように語っています。

こんなカーブの死角に私のオートバイが転がったままだと、先ほどのスポーツカーがぶつかり、たいへんなことになってしまう、と気が気ではありませんでした。私の手はケガでひどいことになっていましたが、カーブを曲がりきれなかった責任感に駆られて、重いバイクを動かすことにしました。時間がないのは、わかっていました。

不思議なことが起きたのはそのときです。ハザードランプをつけた先ほどのスポーツカーがカーブの向こうからゆっくりと現われ、降りてきたドライバーが走り寄ってきて、こういったのです。「何が起きたか、耳を疑うと思いますよ。車の中に光がさしこんだかと思うと、誰かの声がして、あなたが事故を起こしてこのカーブに横たわっているから気をつけろと、教えてくれたのです」

音声としての天使に遭遇したという人は、全体の約五パーセントを占めています。また、天使を見たときに聖歌のコーラスが聞こえたという回答を含めると、さらに割合は高くなります。

このグループには、いろいろなタイプの体験談があり、一人の声がメッセージや警告を伝える場合や、天使の合唱や音楽が聞こえる場合もあります。こういった体験については、第六章で詳しく見ていきます。

残りの一〇パーセントは、その他のタイプの経験です。このグループには、幽霊のような怪しげな姿や、邪悪な存在を天使だとみなしたエピソードが含まれています。また、亡くなった近親者が現われてメッセージを授《さず》けたり、助けてくれたりする例については、第九章でさらに詳しく触れますが、いずれもこのグループにまとめました。自動書記（本人以外の意志によって手が動き、字などを書くこと）も同様で、天使の力が自動書記をさせた、と信じる対象者もここに含まれます。また、目にも見えず、耳にも聞こえず、何も感じなかったけれど、天使に助けられたに違いないと感じた人もいます。次のマーガレット・クックの話はその一例です。

一九九五年、ギリシャのケファロニアで休暇を過ごしていたときのことです。友人と雨の中、カーブが続く断崖絶壁の道を車で走っていたところ、車がスピンして、後ろ向きに転落してしまいました。深い藪《やぶ》を突き抜け、オリーブの木に当たって激しく揺さぶられたかと思うと、横転して止まりました。まもなく救助隊が来て、私たちは無事脱出できました。崖を這《は》い上がり、下を見たところ、あと少しで大きな岩にぶつかるところだったこと、そして、谷底まで落ちるのを食い止めてくれたのは、その斜面にある唯一の木だったことがわかりました。この事実から、ただ運がよかったのではなく、私には守護天使がいるのだと信じています。

大切なのは、その事実

本書にあるエピソードや引用文は、自分の経験が天使によるものだと信じている人たちから、私に送られてきたものです。読者の皆さんが、ただの偶然か、幻覚、あるいは虫の知らせや勘だろうと決めつけるのは、たやすいことでしょう。正直なところ、私自身も、天使や、キリスト、聖母マリア、宇宙人などとの遭遇について書かれた本を数え切れないほど読んできた中で、読み進む気がしなくなった本もたくさんありました。

しかし、ここで大切なのは、こういった経験をした人たちが、起きた出来事を心の底から信じている、という点です。「ただの幻覚ではありません。天使は、誰がなんといおうとそこにいたのです。いまあなたが手にしている紙よりも、確かな存在でした」と。

私も読者の皆さんも、本書で紹介するエピソードの場に居合わせたわけではありません。先週、あるいは五〇年前に起きた出来事の報告を読んでいるだけなのです。どうか、先入観を捨てて読んでください。エピソードはすべて、天使との邂逅だと信じている人が書いたものなのです。私やあなたがどう思うかではなく、大切なのは、その事実だけなのではないでしょうか。

こういった体験談が、本当に起きたことなのか、それとも体験者の思い込みなのか、ちょっとした光のいたずらや、何かの反射や、白昼夢だったのかもしれない、と勘ぐってしまうのはごく自然な反応なのでしょう。天使は本当に存在するのか、同僚やジャーナリストや対象者と語るとき、いつもこのことは話題になりました。

ひとつだけ私に確信がもてるのは、私に手紙を寄せた人たちが、自分の見たものを信じている、という事実です。何が「真実」なのか、ということは関係ありません。「真実」あるいは「現実」とは何か、という問いに戻るのなら、それだけで一冊の本が書けてしまうでしょう。私の関心は、「はじめに」で述べたように、なぜ「天使」なのか、そしてなぜ「いま」なのか、ということです。

ここに記載したエピソードはすべて、手紙から一語一句引用したものだということを保証します。言い換えなどの編集は、あえてしていません。体験者の言葉通りに引用するのがいちばんだと考えたからです。

本章では、天使の形態について見てきました。それでは、ここからは具体的な体験談について紹介していきましょう。

第二章　天使の手ざわり

後ろから誰かがコートの肩の部分をつかみ、彼女を引っ張り上げ、歩道に戻したのです。同時に、車高の低い車が猛スピードで角を曲がってきて、彼女の今いた場所を通り過ぎたのです。エラはこう話しています。「まだ恐怖で体がふるえていましたが、その人にお礼をいおうと思い、振り返りました。でも、誰の姿もなかったのです。まわりには人っ子ひとりいませんでした」

これからお話しするのは、一九九六年六月二日、イギリスのある村での出来事です。一四世紀にさかのぼる古い教会で毎月行なわれるミサで、ある若い女性が洗礼を受けていました。彼女はこの村を少し前に訪れたとき礼拝に参加し、村の雰囲気や感じのよい人々にすっかり魅せられ、婚約者とともにそこに家を買うことに決め、結婚後、移り住んでくる予定でした。

その女性は、教会の後方にある聖水盤のそばに、司祭と並んで立っていました。一緒に立っていたのは、婚約者だけでした。司祭が儀式をはじめたそのときです。天使が現われ、彼女の肩に手をのせました。たくましい体つきから男性と思われるその天使は、背が高く、司祭によると、ほとんど透けるようなまばゆい白さのローブをまとっていたといいます。天使は会衆の方を振り返り、一人ひとりを見つめていました。司祭はあまりのことに呆然《ぼうぜん》と立ちすくみ、やっとのことで式を続けたといいます。

教会の後方にいたこの三人と、そのすぐそばにいた人たちは、素晴らしくみなぎるようなエネルギーを感じ、まるであたたかいオイルを注がれたような気分だったと、後日この出来事について語り合った際、口をそろえたといいます。教会の前方の人たちは、振り向かなければ見えない位置にいたため、その中で天使を目撃したのは、聖水盤の近くの後列に座り、わざわざ振り返って洗礼を見ていた人たちだけでした。

そのうちの一人、キャロリン（仮名）は、発作のような状態を起こして、倒れてしまいました。会衆の大半が、その騒動ではじめて、ただごとではない何かが起きたことに気づいたのです。教会委員と司祭の妻がキャロリンの意識を回復させ、教会の外庭に連れて行きました。途方に暮れた教会委員に、天使は、救急車を呼ぶことはない、ただそこに寝かせて祈るように、といいました。その通りにすると、キャロリンはすぐに起き上がり、自分はいま生まれ変わったのだと宣言し、人生をキリストに捧げ、カトリック教から改宗したいから、すぐに洗礼を受けたい、と主張したのです。彼女はすぐに礼拝堂に戻され、司祭に洗礼を授けられました。

司祭や教会委員、そしてキャロリンも、この経験について喜んで私に話してくれましたが、具体的な人物と教会の名前は伏せてくれ、と強く念を押しました。「天使を見ようとして、いろいろと変な人がやって来るのは困るのです。あの朝の出来事は大切な体験です。それを、お金もうけのようなものにしてしまうつもりはありません」

天使に触れられたという体験談は、少なくないようですが、具体的な感覚は、それぞれのケースによって異なります。本章で説明するように、ほほえみを見たり、光や翼に包まれたといったものから、死や危険から救われたエピソードまで、実にさまざまなタイプの体験があります。ただし、どの経験者にも、天使とおぼしき存在と物理的に接触した感覚を覚えた、という共通点があります。

アーンストという医師は、外出先や、車や家の中で、よく何かに左手を包まれているように感じる、と話しています。それは、そよ風に手をなでられるような、そんな感覚だそうです。天使に会ったという人の大半がそうであるように、この医師も、まず「自分はぜったいに神経系の病気ではない」と主張しています。疑い深い人たちはまず、病気ではないか、とあやしむものだからです。現代人は、日々の出来事すべてに論理的な理屈をつけないと気がすまないようです。しかし、彼も指摘しているように、中にはどうにも説明がつかない出来事もあるのです。

天使に元気を与えられたという体験談もあります。たとえばある女性は、恋人から虐待を受けていて、ひとりでいつも悩み苦しんでいました。あるとき、「お願いだから、誰か私を助けて！」と泣き叫んだところ、何かの力が体を突き抜け、誰かの手が肩にのせられ、ふっと心がなごんだというのです。そのときから、ぜったいに今の状況から脱出しよう、と決心しました。実現したのは半年後でしたが、いつも誰かに見守られ、気力を授けられたのを感じたといいます。
マーガレット・ワイアートは、息子さんがモトクロスレースの事故で亡くなったとき、やはり天使に触れられた経験をしています。

息子の葬式で、友人が、神の愛が私とともにあるようにと、ずっと祈ってくれました。私は、自分が気をしっかりと保っていることに驚きました。心を込めて聖歌を歌っていたとき、天使が私の頬をなでたのです。私を慰めてくれたのでしょうか。そうやって、三度なでられたあと、教会の窓の外を見て私は、神の愛に守られていることを実感したのです。

ディー・イバーソンは心霊治療家で、ヒーリングと瞑想グループのリーダーです。「いつも、集まりには天使を呼ぶのです。天使は、私たちの後ろに立って、翼を広げ、招かざる存在からの影響を受けないように守ってくれます。天使に来てもらうのはとても大切なのですよ。彼らは招待されるのを喜びますし、お呼びがかかるのをいつも待ち望んでいるようです。メンバーの一人は、天使の翼を後ろに感じたので、抱きしめてくれるよう心の中で頼んだところ、その願いがかなったと喜んでいました」
このような経験は、もっとも感動的なものでしょう。天使を見ることができただけでなく、触れることができたのですから。一方で、何も見えないけれど、天使の存在を肌で感じたという人もいます。「肺炎で入院した最初の夜、すっかり気持ちが滅入《めい》ってしまったときのことです。誰かの腕が背中に回されたのを感じたかと思うと、手が左肩にのせられました。誰の姿も見えませんでしたが、ひとりではないのだと、なんともいえず落ち着いた気持ちになりました」

見えない力が救ってくれた

次に紹介するエピソードでは、特に歩行中や運転中などの路上で、体験者は見えない力によって持ち上げられたり、ひっぱられたり、押されたりして、行動を止められています。たとえば道を渡ろうとしていたときに、突然誰かにひっぱられたというケースが多く報告されています。何ごとかと振り返ってみると、そこには誰もいないけれど、もしそのまま渡っていたら、まちがいなく車にひかれていたと思い知らされるのです。

ある牧師からは、次のような話を聞きました。この牧師も、「自分は本来とても現実的な人間であり、ただの感覚に過ぎないような話を吹聴するようなタイプではありません」と前置きしています。

その出来事は、エラという冷静で上品な女性の話です。私がグロスターで神父をしていた当時、彼女は六〇代後半で、優秀なオルガン奏者として教会で演奏や伴奏をしていました。ある日曜の朝、天使についての関心が強くなっていた私は、礼拝で天使について話し

ました。礼拝が終わると、エラがやってきて、こんな話をはじめました。

ある日、エラは家から市街へ歩いて行く途中、グロスター公園の近くを通りました。いつもどおり、道路を渡るときは注意を払い、かどに立って左右を見ました。車の姿も見えなかったので、歩道から道路に足を踏み下ろしたその瞬間、後ろから誰かがコートの肩の部分をつかみ、彼女を引っ張り上げ、歩道に戻したのです。同時に、車高の低い車が猛スピードで角を曲がってきて、彼女の今いた場所を通り過ぎたのです。

「まだ恐怖で体がふるえていましたが、その人にお礼をいおうと思い、振り返りました。でも、誰の姿もなかったのです。まわりには人っ子ひとりいませんでした」

エラは、それは大柄な人だったに違いない、といっています。彼女は決して太ってはいませんが、かなり背丈のある女性だからです。そんな彼女をひょいと持ち上げ、また降ろせるくらい大きな人だということです。

他にも、同じような体験をしている人がいます。

スレッドニードル街の銀行で、秘書をしていたときのことです。以前は一方通行だった道路が両側通行になったことをすっかり忘れて、右しか見ずに、渡ろうとしました。そのとき、途中で強い力に止められたかと思うと、左からものすごいスピードで車がやってきたのです。あの力がなければ、私は確実にひかれていたでしょう。

ハンブリー夫人は、一九五六年、一四歳のときに、やはり見えないバリアのようなものに助けられたといいます。暗く寒いある冬の夜のこと、レスリーという友人とそのお母さんと一緒に家に帰るバスに乗り込み、出発を待っていたときでした。

そのとき、レスリーのお母さん、ミセス・コリンズが、バッグをワーフ・カフェの近くに忘れてきたことに急に気がつき、レスリーに取ってくるよう頼みました。バスは、いまにも出発しそうだったので、お母さんは気が気でない様子でした。

私はレスリーを手伝おうと、バスから飛び降りました。ところが、まぶしい車のライトと暗闇が錯綜する中、私は、何をどう勘違いしたか、猛スピードで通り過ぎようとした消防車に向かって突進してしまったのです。そして次に起きたことが、ショックによる反射的な反応だったのか、それとも私が考えるように、両側から誰かにつかまれ、見えない壁で守られたのかはわかりません。心臓が止まる思いでしたが、命が助かって本当によかったと思っています。

次のジム・ダースのエピソードは、やはり見えない力にさえぎられたというものです。他のケースと異なるのは、その力が、道を渡ろうとする彼の傍らにやってきた、一見ひ弱そうな老女から発せられたという点です。

私はこの何年も、毎日同じ時間に同じ道順で会社に通っていたので、いつも決まった顔ぶれの人たちとすれ違っていました。ある朝、道路を渡るチャンスをうかがっていると、まったく見たことのないおばあさんがいるのに気づきました。歩道から一歩踏み出したときです。それまで視界に入らなかった車が突然現われました。そのとき、私が車にひかれないよう、おばあさんが私の前に腕を伸ばしたように感じたのです。

無事、車が通り過ぎたあと、私はおばあさんに目礼をしてから、道を渡りました。渡りきったところで、後ろについてきたかどうか見たところ、おばあさんの姿はどこにもありませんでした。そして、自分がうっかりしていたせいで、もう少しでたいへんな事故に見舞われるところだったという事実に、ようやく気づいたのです。これは単なる偶然ではなく、天使のとりなしだったとしか思えません。

何かの力によって危険な状況から救われたという人たちは、他にもいます。リチャード・ワトキンスは、一九七〇年代、パースシャーにあるベン・リーバイという山の険しいルートを登っていました。ところが途中、はじめに登り始めた峡谷から、さらに危険な切り立った斜面に出てしまったのです。「頂上が近づくにつれ、恐怖で体がふるえました。すると、何かの力が私の体を突き抜けるのを感じたのです。そのおかげで、岩だらけの頂上に無事たどり着くことができました。天使らしき姿や、何かを見たというわけではありません。ただ、優しい手がさしのべられ守られたのを感じただけです」

一九二九年、当時一四歳だったオーガスティン・ヒューイ神父が、友人の家族とフィレイという海辺のリゾート地に行ったときのことです。そこには、岸壁を登ろうとして海に落ち亡くなった少年を偲《しの》ぶ祈念碑があったにもかかわらず、彼は、その険しい崖を登る決心をしてしまったのです。臆することなく登り始めたのですが、途中でにっちもさっちも行かなくなりました。眼下には波しぶきが荒れ狂い、頭上には崖が切り立っています。自分も落ちたら確実に死んでしまう、と恐怖で身がすくみました。さらに、つかまっていた一株の草が抜けはじめたではありませんか。恐怖感もピークに達したそのとき突然、壮大な力、としか形容のしようのない何かに押し上げられ、気がつくと、岸壁の上の草むらで息を切らして横たわっていたのです。

ピーター・ダイクも同じく、怖いもの知らずの冒険で危機一髪の目にあいました。当時ピーターは、五歳でした。

両親がポートランド・ビルに連れて行ってくれた日のことです。道中、ずっと車に乗っていたので、やっと車から降りたときは、岸壁を探検したくてわくわくしていました。そ

の岸壁は少し変わっていて、岩場のてっぺんがテーブルのように平らに広がり、深さ二〇メートルほどの亀裂がありました。底はそのまま海に通じているので、満潮時は波しぶきが上まで上がってきます。そのうちのひとつに、私は落ちそうになってしまったのです。

私は両親から離れ、何も考えず走り回り、あたりをよく見ていませんでした。そしてその亀裂が見えたのですが、急に止まることはできないと考え、飛び越えてしまったのです。しまった、落ちてしまう、と思ったそのとき、何かの力に押されたというか、支えられたのを感じました。それはまるで、アーチ橋を渡っているような感覚でした。どうやって抱《かか》えられたかはわからないのですが、まるで、無重力状態のようでした（うまい表現が見つからないことをお詫びします）。

亀裂の底に見えた海は、はっきり覚えていますし、一生忘れることはないでしょう。ピーターパンのような飛び方をしたわけではないのですよ。私が飛び越えるには幅がありすぎる、という程度でしたから。とにかく、飛び越えたあと、両親に見られなかったかどうか、すぐにまわりを見渡しました。そのとき、「人」というよりは「物体」と呼んだ方がよいようなものが現われたのです。顔も翼もなく、色はすりガラスのようでした。はじめから陽炎《かげろう》のごとくぼんやりしていたその何かは、私が目にした瞬間、消えてしまいました。

ある画廊のオーナー、ディーナ・ブライアント・ダンカンも同じような経験をしています。クリスマスイブの前日、夕方ごろ、画廊の税理士をしている女性が、クリスマスプレゼントとして買った絵と、ディーナの夫からの額縁を取りに立ち寄りました。

税理士は車を外の狭い十字路のところに駐車しました。近所の道は狭く、近くの修道院のあたりでは曲がりくねっていて、交通の優先ルールもめちゃくちゃでした。主人が税理士の車に絵を運び入れている最中、彼女と私は画廊の入り口の前の階段を挟んで立ち話をしていました。

この建物は、昔は家だったので、ドアの前にとても急なステップが二段あったのです。楽しくおしゃべりを続けていると、急に金属の物体がぶつかる、ものすごい音がしました。見ると、狭い十字路のところで、二台の車が衝突し、こちらにつっこんでくるではありませんか。私は恐怖でその場に立ちすくんでしまいました。私は障害があるので、もともと身動きが不自由なのですが、このときは身がすくんだせいでまったく動けず、一巻の終わりだ、と観念しました。

「家族がどんなに悲しむかしら。しかもクリスマスに死ぬなんて！」と、祈りました。すると、いきなり何かの力で体が浮き上がり、急なステップを飛び越えて建物の中に優しく着地したのです。私を持ち上げた手は感じませんでしたが、翼を感じました。

事故を起こした二台のうち、一台は、私がまさに数秒前までいた場所に激突していました。守護天使が守ってくれたのだと私は信じています。救急車と警察が来るまで、かなり時間がかかり、税理士はかなりショックを受けていたので、そばについていなければなりませんでした。

その夜は、事故の後処理は何もできなかったので、警察は、画廊の壁にはまり込んで歩道をさえぎっていた車両のまわりにセーフティーコーンを置いていきました。

翌日、レッカー車で車を引き上げにきた若者が、「古い建物っていうのは、まったく丈夫ですね」というのです。見ると、車が当たっていた壁の部分には、かすり傷さえありませんでした。車体はめちゃめちゃになってしまっていたのに……。

やはり、守護天使が守ってくれたのに違いありません。おかげで私は、三人の息子と無事に楽しいクリスマスを過ごすことができました。

ロザリン・マクローも、最近、やはり「力」に助けられました。それまで住んでいた家を売り、新しい家ができるまで娘さんと暮らしていたときのことです。彼女は、よく近くの小さな修道院の礼拝に行ったのですが、ある木曜日、礼拝に向かう途中、転倒してしまったのです。

前につんのめってしまい、ああ、顔にひどいケガをしてしまう、と思ったそのときです。転んだときよりもさらにものすごい勢いで何かに横方向に押され、芝の生えた歩道に倒れ込んだのです。幸い、ケガはまったくありませんでした。様子を見ていた女性が車を停め、車に乗らないかといってくれましたが、断ってそのままミサに行ったのです。

ミサの途中、あれは、ケガをしないように天使が押してくれたのだと気づき、私は涙を流しました。新居への引っ越しを一〇日後に控えていたので、いろいろな手続きの書類にサインをしなければならないし、引っ越しも手配済みですから、とてもケガをして寝込んでなどいられない状況にありました。天使が、私の信仰に答えてくれたのでしょう。

ドロシー・ニコルズも何年か前、同じような経験をしています。当時、ドロシーはクリスチャンに改宗したばかりの若いお母さんでした。

そのとき私は、洗濯をしていました。子供たちは二人とも小さかったのですが、家の中や庭で遊んでいて、三輪車や、金属やプラスチック製の大きな遊び道具を、裏口の階段のところに山積みに放置していました。

私は大きなかごにいっぱいの洗濯物を抱え、庭に干そうと裏口を出たのですが、前がまったく見えていなかったのです。

裏口の階段を下りようとしたところ、たった数秒のことなのですが何かに持ち上げられ、ふわっと浮いたような感覚を覚えました。そうやって、階段とおもちゃの山を乗り越えたのです。そして、そのときはじめて、そこにおもちゃがあり、本当ならば、つまづいて大けがをしていただろう、ということがわかりました。

旧約聖書の詩篇九一篇の九節から一二節に「あなたは主を避けどころとし／いと高き神を宿るところとした。あなたには災難もふりかかることがなく／天幕には疫病も触れることがない。主はあなたのために、御使いに命じて／あなたの道のどこにおいても守らせてくださる。彼らはあなたをその手にのせて運び／足が石にあたらないように守る」という言葉があります。私は、この経験を思い出すとき、いつもこの箇所が頭に浮かぶのです。なぜ、私にこのときさしのべられた救いの手が、他の場合や、他の人にも同等にもたらされないのか、それはわからないのですが。

天使の翼に抱かれるとき

第一章で、天使のほほえみに抱かれたというE・オークスのエピソードを紹介しました。他にも、光に包まれたり、何かに抱かれたり、巨大な天使の翼にくるまれたという経験をしている人たちがいます。次のバレリー・シップレイはその一人です。

一〇年ほど前、静かに座っていたある日のことです。健康でしたし、何も心配ごともなく、また眠っていたわけでもありませんでした。

私がそのとき見て感じたことは、夢とはまったく違う経験です。それはまるで、青い光が幾重にも重なり合ってできた洞窟の中を見ているようでした。まもなく、その中に引き込まれていくような気がしたのです。しかしそれは、洞窟ではなく何か翼のある存在だということがわかりました。洞窟だと思ったのは、青い光が何枚も羽根のように重なる、巨大な翼だったのです。私がそちらに向かっているのではなく、その翼が私を包むために、私の方に近づいていたのでした。

声はまったく聞こえませんでしたが、流れるような愛、としか呼べないような、パワフルなメッセージを受け取りました。それは、「すべてがうまくいくのだ、すべてがなんとかなり、最後にはうまくいくのだ」というお告げでした。私のことだけでなく、この世のすべてについてだそうです。すべてとは、他のあらゆるものの一部であり、すべてというのは、同じひとつの存在なのだと。

私は特に信じている宗教はありません。翼のある存在や天使について、この出来事があるまでは考えたこともありませんでした。今年（一九九八年）になってはじめて、教会で「すべてがうまくいく。すべてがうまくいき、ありとあらゆることが、うまくいくのだ（中世イギリスの幻視者ノリッジの聖ジュリアナ）」という文章を見つけました。これこそ、私の受けたメッセージや感覚とまったくといっていいほど一致するものなのです。

ヘンリー夫人は、翼に包まれるという感覚について、「この何十年間、何度もそういった経験をしました。天使の翼がベッドカバーのようにベッドの上に広げられ、それにすっかり包み込まれている実感を味わうのです」と書いています。メアリー・ミラーは、「困っている人たち（病気の人たちなど）を救う祈りを捧げる時間に、天使を見たことがありました。その姿の詳細は覚えていないのですが、巨大な鳥のような、人々を守ろうと広げた翼は覚えています」と説明しています。アンジェラ・ティロットソンも、やはり何かに包まれるという感覚を経験しています。ただし彼女の場合は、翼ではなく、光にくるまれたといいます。

一九九四年三月二六日、棕櫚《しゅろ》の聖日の前夜のことでした。何も見えたわけではないのですが、何かの強い存在を感じました。それは、まるで光の殻で肩を覆われたような感覚でした。ひどい道乗りを一人で運転して家に帰ろうとしていたときのことです。守護天使が、私を無事に家まで届けるために守ってくれたのだと信じています。

本章の最後のエピソードは、シルビア・メイスが送ってくれたものです。一九九八年、まだ生後二カ月の娘さんが細気管支炎をわずらい、虚脱肺を併発して入院したときのことです。酸素補給を行なっても酸素レベルが大変低く、人工呼吸器の装着が必要になりそうな状態でした。

主人と私は、ひどく取り乱していました。私はお手洗いに行き、壁に頭をもたれさせ、「主よ、どうか教えてください。こんなとき、あなたはどこにいらっしゃるのでしょう。私にはわかりません」と祈りました。

そして、主人と娘がいる病室に戻りました。私は娘のベッドを挟み、主人の反対側に行きました。そこに立ったとき感じたのは、羽根やベルベットのような、得もいわれぬやわらかさの何かにくるまれた、としかいいようのない感覚です。

そして、数秒前の高ぶった気持ちとはうって変わって、なんともいえないような落ち着いた気持ちになりました。私は、天使の翼に抱かれて、慰められたのだと信じています。娘は治る、と確信し、ほほえみかけようと主人の方に目をやると、主人の横には天使が二人いたのです。

それは二メートル半はあろうかという男性の天使で、主人の両側に立っていました。髪は肩まであり、ブロンズ色のローブを着ていました。

若々しくも、落ち着いた顔つきをしていて、まるで警護をしているように主人を見やり、腰のベルトにさげられた剣に手を添え、いつでも剣を抜いて戦う準備ができているように見えました。私は、「主よ、よくわかりました。でも、娘を守る天使はどこにいるのですか」といいました。

そして娘のベッドを見ると、マーティンの描く聖書の場面も見劣りするほど、そこが明るく輝いていたのです。そこで、「いにしえの神は難を避ける場所／とこしえの御腕がそれを支える」という言葉が頭に浮かんだのですが、これは、申命記にある一節だということがあとでわかりました。主は、娘と一緒におられ、その御腕が娘を支え、癒してくださっていたのです。

娘は後に回復し、医師や主人が予測していたよりもかなり早く退院することができました。

第三章　天使に救われて

天使の姿は、光り輝き、ラファエロ前派のバーン＝ジョーンズの絵画にある女神のようでした。ふわりとした長い衣をまとい、襟には宝石が散りばめられ、鼻すじの通った顔をしています。髪や目の色はわかりませんが、えもいわれぬほど美しいのです。こんな話をすると、頭がおかしいかと思われるかもしれませんが、そうではありません。

人間には生まれたときから守護天使がつき、死ぬまで見守ってくれるのだとキリスト教では教えています。ユダヤ教の聖典タルムードでも、ユダヤ人はそれぞれ一万一千人の守護天使に生涯守られ、一本の草にも成長を祈る天使がついているのだと説いています。私に寄せられたデータから明らかなのは、カトリック教徒やイスラム教徒、ヒンズー教徒、ユダヤ教徒、そして無神論者や不可知論者まで、さまざまな宗教や信条にかかわらず、天使の存在をかたく信じて疑わない人が多いということです。

若いお母さん方から、こんな手紙が寄せられています——赤ちゃんには、それぞれ天使がついていて、中にはその天使が見える赤ちゃんもいる、と。たとえば、ヘザー・シモンズは、お子さんたちが生まれてから最初の数カ月間、どの子にも天使としか思えない存在がそばにいてくれたのを感じたと綴っています。「それが天使だとわかったのは、その何ものかが、清らかで、おだやかで、うちの子を優しくあやしてくれたからです。天使は私の肩や頭の上の天井に近いところにいました。赤ちゃんはその方向をずっと飽《あ》きずに見つめることがよくあったのです。天井には、ほかに目が行くようなものは何もないのに。私は、誰もが見えたり感じたりするわけでない存在を強く信じています。赤ちゃんや子供には、そういった存在に対する鋭い感覚が備わっているのでしょう」

また、亡くなった家族が守護天使として戻ってきた、と信じる人も少なくありません。第九章で詳しく紹介しますが、たとえばある女性は、自分の守護天使が小さいころに亡くなったおじいさんか、あるいはおじいさんと何らかの形でつながっているのだといいます。誰かに引きとめられるような感覚がして予定していた行動を中止すると、あとになってその選択が正しかったことがわかった、という経験がよくあるというのです。このような「虫の知らせ」は、天使の行ないであることが多いのです。マーガレット・クックは、ある日の経験を次のように語っています。そのとき、マーガレットは押しボタン式の横断歩道を渡っていました。車は当然、赤信号で止まっているはずだったのですが……。

横断歩道の真中まで渡ったところで、ふと予感がして右を見ました。すると、コントロー

ルを失った車が外側車線を暴走してきて、私の体すれすれのところを猛スピードで走り去ったのです。私は、まさにあと数ミリというところで命拾いをしたのです。

理屈では説明がつかないような、こういったエピソードは、自分で経験したことがない人も、きっと耳にしたことはあるでしょう。たとえば、なんとなくいやだなと思い、車で出かけるのをやめにしたところ、通るはずだった道路で玉突き事故があったとあとで聞いたとき。見知らぬ人や何らかの存在のおかげで、危険な状況を切り抜けたとき。あるいは、偶然に偶然が重なり、命拾いをしたときなどです。

通りすがりの天使たち

キャロライン・プラントは、オペラの公演に行く途中、いつもとは違う道を通ることにしましたが、すぐにそれが失敗だったと気がつきました。「ブルリング」と呼ばれ、治安がよくないことで悪名高い、酔っ払いや浮浪者がたむろする地下道に行き着いてしまったからです。キャロラインは駅まで無事に着くよう必死に祈りながら、足早に進みました。

すると、どこからともなく、ツイードの長いコートを着た、背の高い、透き通るように色白の女性が現われたのです。キャロラインは彼女に追いつこうと歩みを早めました。駅までの道のりの半分まで来たところで、あたりはますます物騒な様子になってきました。いやな目つきの酔っ払いがキャロラインの方に近づいてきたので、彼女は思わず身構えました。ところがその男は、手が届くほどの距離だったにもかかわらず、キャロラインも背の高い女性もまるで見えていないようでした。地下道に座っていた物乞いたちも、まったく二人には気づかないようで、金をせがもうともしなければ、身じろぎ一つしないのです。

二人は曲がりくねった地下道や通路を抜けて行きました。その女性は、キャロラインが通ろうとしていた道を先に行くのです。ようやく地下鉄の階段にたどり着き、その女性が階段を踏む足音を聞いたキャロラインは、「ありがとう、あなたのおかげで心強かったです」と声をかけ、数段おくれて続きました。ところが、階段を上りつめると、女性の姿はなかったのです。構内のどこにも彼女の姿は見えませんでした。そんな短い時間のあいだに視界から消え去るはずはない、とキャロラインは断言しています。

ダフネ・ピンクも不思議な存在に助けられた一人です。それはダフネ（当時二〇代前半）の友人が、赤ちゃんを産《う》んだばかりで入院していたときのことです。

友人のご主人もお見舞いに行きたがっていたのですが、三人のお子さんたちの面倒を見ていたので、なかなかそうもいきませんでした。そこで、ご主人に、私がお子さんを見ていてあげるから病院に行ってらっしゃいよといったのです。うちの子は主人が見てくれていたので、私はひとりで歩いて友人の家に出かけなければなりませんでした。

何事もなく時間が過ぎ、ご主人が帰宅して友人や赤ちゃんの様子を聞かせてくれました。暗い夜道を歩いて帰るのは憂うつでしたが、ご主人に送ってもらうとなると、小さい子供たちだけで留守番をさせることになってしまうので、一人で帰るしかなかったのです。

体をこわばらせて歩いていると、住宅街の真ん中まで来た時、突然、乗馬服のようなジャケットとズボン姿の長身の男性が、目の前に現われたのです。私の二〇歩ほど前を歩いていたでしょうか。私はもう、一人ではないのだと、とても安心感を覚えました。しかし、つきあたりに差しかかると、その男性は消えてしまったのです。近くの家に入った様子もありません。そういえば、その男性の足音がまったく聞こえなかったことに、そのときやっと気がつきました。いまでは、私を家まで見守ってくれるために遣《つか》わされた存在だったのだ、と信じています。

一九四九年、ジーン・フリーマンが一五歳のときです。彼女の家の引っ越しのせいで、通勤で混むのとは反対方向の電車で通学するようになったため、車内はいつも空いていました。

当時、「ワットフォード・トレイン」と呼ばれる電車がありました。車体は茶色で、車両間の連結部にドアがなく、客車がそれぞれ孤立しているタイプです。一方、「アックスブリッジ・トレイン」は、車体が赤で、車両間の行き来が自由な地下鉄でした。無知だった私は、ある朝、ワットフォード・トレインに乗り、反対側の隅に座っていた三五歳ぐらいの年格好の男性と、車中二人きりになってしまいました。

いつものように、私は本を取り出して読み始めましたが、ウェンブリーパーク駅を過ぎたころ、その男が私の正面にやってきて座り、身を乗り出して、にやにやしながら話しかけてきたのです。怖くてたまりませんでしたが、私は無視して本を読み続けました。

都合のよいことに、ドアの取手が私の左手の近くにあることに気がつきました。次の駅で、体をずらし、その取手を膝で隠すことにしました。そうすれば、男に止められずにドアを開けて逃げられると考えたのです。

次のプレストン・ロード駅までは、すぐでしたが、そのまた次の駅まではずいぶんあり、何かされるかもしれません。やっとプレストン・ロード駅のホームに電車が着き、ドアを開けるタイミングをはかろうと外を見ていると、小さい男の子と一緒に女性が階段を急いで降りてくるのが目に入りました。その女性はこちらをしきりに見ていましたが、私の乗っているのは先頭車両ですから、階段を下りてきたばかりの彼女はせいぜい電車に間に合えばいい方で、同じ車両に乗ってくるとは考えもつきませんでした。そうして乗ってきた女性を見て、さきほどの男は舌打ちをするように座り直し、私はほっと一息つきました。

その親子は、はじめて見る顔でしたし、その後も駅で見かけることはありませんでした。当然それ以来、私はアックスブリッジ・トレインにしか乗らないようになりました。

バネッサ・リリングストン＝プライスも、一九八六年にアメリカで、同じような出来事を経験しました。

その日、バス停で待っていたとき、酔っぱらったホームレスが私にちょっかいをかけはじめました。当時私は、足の手術をしたばかりで松葉杖をついていたので、当然ながら、逃げることも次のバス停まで歩くこともできませんでした。酔っぱらいは調子に乗り、その言葉はどんどん、いやな感じになっていきました。「どうか、白馬の騎士のような人が、私を助けに来てくれますように」と、私は必死に祈りました。

するとぴかぴかのスマートな黒いスポーツカーが道路の向こう側に止まったのです。スモークガラスの窓が開き、金髪の男性が身を乗り出したかと思うと、「おい、やめろ！」と怒鳴りました。ホームレスは千鳥足で車の方に寄っていきましたが、私の天使（？）は、さっさと窓を閉め、車を走らせて行ってしまいました。ホームレスは、そこでよろよろと立ちすくんでいました。

バネッサは、こう続けています。「スポーツカーの男性が戻ってきて、家まで送ってくれないかと期待したのですが、それはかないませんでした。あの男性が人間なのか、人間の姿をした天使だったのかはわかりませんが、忘れたことはありません。そして、現代の『騎士《ナイト》』が白馬ではなくスポーツカーに乗ってやってきたことを考えると、思わずほほえんでしまいます」

バネッサは、同じような危機一髪の経験を外国でもしています。女性二人、男性一人（ボディガード役を請《こ》われて参加したのだそうです）と一緒に、パキスタン北部で旅行をしていたときのことです。ギルギットに泊まっていたバネッサたち一行は、近辺の雰囲気にも慣れ、現地の人も外国人慣れして親切だと安心しきっていました。

最後の夜は、おそらく油断しすぎていたのでしょうね。ボディガード役の彼を街に残して、私たちだけでホテルまで明かりのない道を帰ることにしてしまったのですから。

帰り道があまりに暗く、見通しの悪いことに私たちは驚きました。突然、後ろの方から、いやな感じの男性の声が聞こえてきました。私たちは歩みを早め、祈り始めました。仲間の男性を置いて、このような暗い道を選んだ愚かさをお許しください、と。そして恐怖が増すにつれ、ただ「主の祈り」を繰り返し唱《とな》えました。後ろから来る男たちの数は増え、距離も近づいてきた様子です。

ところが角を曲がると、いきなり暗闇を突き抜けるような明るい光に照らされたのです。その光の源に向かって歩き続けたところ、背後の声は消え、私たちは胸をなで下ろしました。

そして突然私たちを照らしたその光は、同じように忽然と消えてしまいました。その光を照らしたのは誰なのか、わからずじまいでした。街灯さえない場所でしたし、投光照明を用いるようなことはできるはずがありません。偶然に感謝しながら、再び街灯のあるホテル近くの道に無事戻ったところ、後ろから少年が駆け寄ってきて、友人のおしりをつねっていったのです。このときの経験は、もう二度と同じ間違いをするまい、そして、自分の国にいるときと同じように、充分気をつけて行動しよう、という教訓になりました。

ジョン・バーチ医師が天使の存在を感じたのは、一九九六年一一月に、運河沿いの散歩道で犬の散歩をしていたときのことです。それは凍《こご》えるような寒さの暗い冬の夜でした。「運河は真っ暗闇に包まれ、引き船道への坂道を下るにつれ、私はいわれのない恐怖感におそわれました」とジョンは話しています。

どうかお守りください、と神に祈ったところ、二メートル半はあろうかという天使が現われました。白い衣を着て、翼は閉じられていました。「天使は光り輝き、白髪で、その姿は全体的に真っ白でした。守護天使だ、と私は直感しました。神が私にそう思わせたのでしょう。そして、神がさらに示されたのは、私の身を守るためにこの天使が遣わされた、ということです。ちょうど肩の高さにある羽根の上の付け根の部分が見え、翼には羽根が見えました。無表情でしたが、温厚な感じがしました。その目は、私ではなく、私を通してもっと後ろを見ていました。守護天使がいつも守っているのだから、何も恐れることはないのだ、という強いメッセージを私は受け取ったのです」
ギリアン・バートンは、家族が車の事故に遭《あ》ってからというもの、いつもまた事故が起きないかと心配していました。

ある風の強い日、私は、アバディーンから主人と一緒に飛行機で戻るところでした。離陸直前、白っぽい人影が非常口の前にしゃがんでいるのを見たのです。東洋風の白くて長い衣を着ており、翼はありませんでした。その姿を見て私はとても安心し、飛行機がかなり揺れたのですが、心配せずにすんだのです。
空港の上空には早く着いたのですが、着陸を待たなければなりませんでした。五分かけて旋回しながら上昇し、また五分かけて下降するということを繰り返しました。無事着陸してはじめて、私はくだんの人影に感謝しました。消えてしまうかな、と思ったところ、やはりその姿は見えなくなってしまいました。あとで、それは天使だったのではないか、と友人にいわれました。私もそうだろう、と考えています。

ギリアンのように、守護天使としか説明できないような気配を感じ、旅行中、その存在に守られている、という体験談を寄せた人は少なくありません。たとえば、ブリジットは、こう書いています。

私には守護天使がいるのだと、かたく信じています。生まれてからずっと見守ってくれていますが、最近その存在をさらに強くアピールしてくるようになりました。

守護天使については、誰にも話したことがありません。変に思われるのがいやなのです。ちょっと変わっていると思われるくらいならまだましですが、最悪の場合は、頭がおかしくなったのだろうと思われかねませんから。

天使は、車での長旅のときは同乗してくれますし、夜遅くに外出するときも一緒についてきて、守ってくれるのです。心配ごとがあり悩んでいると、彼女（天使）は、いつも「何も心配することはないのよ」といってくれます。そして、私の心は落ち着くのです。

天使の姿は、光り輝き、ラファエロ前派のバーン＝ジョーンズの絵画にある女神のようです。ふわりとした長い衣をまとい、襟には宝石が散りばめられ、鼻すじの通った顔をしています。髪や目の色はわかりませんが、えもいわれぬほど美しいのです。こういうお話をすると、頭がおかしいかと思われるかもしれませんが、そうではありません。

ペグは、自分の守護天使について、こう書いています。「私の理解の届かないレベルに、何らかの存在がいることを感じています。実際に見たり、手に触れることはできませんが、もう少しで翼の羽根を感じられそうなくらい、彼ら（天使は複数いるのです）は、すぐ近くまで来るのです」

こういったケースでは、実際の危機ではなく、危険への恐怖感を天使が取り除いてくれています。第一次世界大戦のもっとも感動的な神秘現象に、一九一四年八月のソンムの戦いで見られた、「モンスの天使」があります。野戦病院に収容された兵士たちがそれぞれに、戦場で天使を見た、と看護師に話したのです。フランス軍兵士は白馬にまたがった大天使ミカエルを目撃し、イギリス軍側は、イギリスの守護聖人セント・ジョージを見たといいます。「白馬に乗り、背が高く黄金の甲冑をまとった金髪の姿が、剣を上に差し上げ、『勝利を！』と叫んだ」のだと。また看護師は、死を迎えた兵士たちが、何も恐れていないような、不思議と安らかな表情だったと報告しています。

その後数十年に渡って、疲労からくる幻覚、あるいは集団ヒステリーなど、この事件に関して多くの説が唱えられました。しかし後年、同じエピソードがドイツ軍側でも見られたことがわかったのです。ドイツ軍兵士は、「まったく前進ができないほどの無力感におそわれ、馬は急に向きを変えて逃げ出した」と説明しています。ドイツ側によれば、連合軍の陣地は何千もの兵士で固められていた、とのことなのですが、実際には二連隊しかいなかったのです。

モンスの天使の目撃談を否定しようと思えば、資料はいくらでもあります。しかし、兵士たちの証言はあまりにも感動的であり、天使なのか、その他の何ものなのかはわかりませんが、何か特別な何かがこの夜モンスで起きたのだろうと、私は考えています。ジョイス・トロットは、この「モンスの戦い」に参戦した父親の経験をこう語っています。

父は、この戦いで勲章を授与されています。どういった理由で授与されたのかは、つらすぎて話せないそうなので、わからないのですが。

兵士の数は、当初六万人ほどでしたが、父は「それが三万人ぐらいに減ってしまったのだ。はっきりした数字はわからない。半分ちょっとは残っていただろうか。ドイツ軍の装備は規模も大きく優れていたので、戦局は困難を極めていた」と、話しています。

父によると、こんな経験はまったくはじめてだったそうですが、まるで、はたかれた蝿《はえ》のように味方が次々に倒れていく中、いきなり異様な音がしたかと思うと、丘に白い光が差し込み、丘の上を走る馬に乗った天使の一群が見えたそうです。ドイツ軍からはしばらく砲火が続いていましたが、それが突然静まり、一目散に丘の向こうへ撤退していったそうです。父はこういっています。「皆、呆然として、主がお助けくださったに違いない、といい合ったものだ。お前も、よきクリスチャンとなり、主を信じなさい。あの日、主は天使を遣わされて我々を助けたのだから」

危機一髪の生還

一歩間違えば死ぬかもしれないところを助かったという事件は、そう珍しいことではありません。疑い深い人は、ただの偶然か運だというでしょう。しかし、寄せられた体験談の中で、危うく死をまぬがれた例のいくつかは、特筆すべきものがあります。第二章で紹介した、フィレイの岸壁で九死に一生を得たオーガスティン・ヒューイ神父は、一九四四年に再び同じような経験をしています。

戦時中の当時、ヒューイ神父は副神父をしていました。ある夜、空襲のサイレンが鳴るとともに、いつものように爆弾が落とされる轟音が聞こえました。堅信を授けようとしていた女性信者に、みんなで防空壕に入るべきかどうか相談しましたが、けっきょく入らないことにしました。空襲はそれほど日常的になっていたからです。次に覚えているのは、建物の残骸の下から引っ張り出されたことです。ヒューイ神父はかすり傷のみでしたが、まわりにいた人たちは、一人残らず命を落とし、地獄のような光景が広がっていました。

神父は、一九五二年にも危機一髪の場面を迎えています。南ヨークシャーの炭坑にある教会で、たくさんの会衆を前に説教をしていたときです。大きな柱の笠石が急に落ちてきました。あと一〇センチ足らずで、神父の顔にあたるところでした。そして、石は偶然にも、ほんの小さな、誰もいないスペースに落ちたのです。

もう少し最近になりますが、同じようなエピソードが他の女性からも寄せられています。一九八七年の大嵐の日、アパートの外に出たところ、何かものすごい音が背後でしました。振り返ると、巨大な屋根の瓦《かわら》が落ち、彼女が立っていたところから数センチのところで砕け散っていたのです。

退役将校のマイケル・バターハムも、似たような危機を二度まぬがれています。一度目は一九八三年にコーンウォール州北部のビュードで休暇を過ごしていたときでした。

当時、五三歳で、まあまあの泳ぎ手だった私は、泳ぎや波乗りが好きでした。休みになるとボード（本格的に立ってやるサーフィン用ではなく、腹ばいになるボディーボードの方です）をもって海に行ったものです。ふつうの人は、浜から四〇メートルもいかないところまで行って、波に乗ってまた浅瀬に戻ってきます。私は、馬鹿がつくほどむこうみずなので、もっと遠くまで、さらに七〇メートルほど行っていたかもしれません。まわりには誰の姿も見えませんでした。

急に、岸とは逆の沖の方向に流されていることに気づきました。泳ごうとしてもむだなあがきでした。おそらく、離岸流と呼ばれる強い流れに入ってしまったのでしょう。私は慌《あわ》てて、救助員の方に向かって必死に合図を送りました。救助員は少し離れた崖の上にいましたが、幸い私の合図に気づいてくれました。

そのとき、ボードに乗った男性が私のそばに現われたのです。普通、大人は木製のボードを使うのですが、この男性が乗っていたのは子供や初心者が使うような、発泡スチロール製のものでした。木製と違って、このタイプは水に浮くのです。その男性は私にボードにつかまるようにいい、岸に向かって押してくれました。岸に着くと、救助員が走ってくるのが見えました。

そこで当然、私を助けてくれた男性にお礼をいおうと振り返ったのですが、その男性はどこにも見あたりませんでした。私は、この男性が天使だったと信じていますが、当時はあまりにもショックを受けていたので、このことは家族にさえも話せませんでした。これまで、この話は、限られた相手にしかしていません。

二度目の経験は、一九九七年九月のことでした。

夜の七時四五分を回ったころだったでしょうか。愛車のプジョー二〇五に乗って教会の祈りの会に向かっていたときです。教会は家から五キロほどの場所にありました。この教会には一九年も通っているので、何度も通ったことのある道です。速度制限は時速約五〇キロでしたが、ここは谷になっており、みな下り坂でスピードを出し、その勢いで上り坂を上がるのです。私も時速六五キロは出していたでしょうか。

坂を下りきらないところで、正面の上り坂をフォードのワゴン車がこちらに向かってけっこうなスピードで下りてくるのが見えました。ワゴン車は、私の目の前まで来たところで、いきなり対向車線を大きく超えてきたのです（あとで、タイヤがパンクしたせいだとわかりました）。彼も私と同じぐらいか、それ以上のスピードを出していましたので、もしぶつかっていれば、衝突速度は時速一三〇キロにもなっていたでしょう。車のあいだの距離は、二五メートルから三五メートルぐらいだったでしょうか。衝突まであと一秒ということになり、それでは、短いお祈りをする時間もありません。

その瞬間のことは何も覚えていません。気がつくと、私は狭い交差点に車を動かし、懐中電灯を取り出して、ワゴン車の運転手の安否を確かめるために車外に出ていました。見ると、ワゴン車はちょうど私が降りてきたあたりの脇の土手に、後ろ向きに乗り上げているではありませんか。運転手は携帯電話で話し中で、ケガもないようでした。「危ないところでしたね」と話しかけると、彼は「ぶつからなくてよかったです」と答えました。ケガもないとのことだったので、私は教会に向かいました。神が守ってくださったのだ、と思われるかもしれませんが、私は、運転手以外の何らかの存在が、ワゴン車の中にいたのだと信じています。

子供たちは語る

大人が語るエピソードというのは、疑問視されることも多いと考えるのは、誰も同じでしょう。しかし、幼い子供が語るエピソードは、信頼性という意味で、まったく違う性質のものです。子供は、オープンで、まっさらで、利口なのです。疑うということを知らないので、他の人が自分の見たものの話を信じなかったり、あざ笑ったりするなど、考えもつかないのでしょう。自分が見たものを説明する言葉を選ぶのに、先入観をもったり、いろいろ気にしたりすることもありません。

ですから、ある意味で、子供が語るエピソードは、天使が存在するための信憑性を強めると私は考えています。子供は、見たまま、感じたままを口にします。私たちが大人になる過程で残念ながら学ぶ、「いってはならない」と思う気持ちやタブーなど、もちあわせていないのです。

ジュディス・シュリンプトン医師は、目撃者や医学の常識を超えるような経験をしました。

それは、四〇年ほど前、パディントンにある聖マリア病院の救急病棟で医学部三年目のインターンをしていたときのことです。私は、当時の学生たちの例に漏れず、無神論者でした。そのとき、ジェニーというインターンも一緒にいました。ジェーンほど素敵な女性はあまりいません。ローディーン校でラクロスの選手だった彼女は、健康で、ほがらかな女性でした。

そのとき、小さな女の子が担架《たんか》に乗せられて運ばれてきました。意識がなく、そばには取り乱した両親と、警察官や野次馬がいました。この女の子はルーシーといい、交通量の多いエッジウェア通りに飛び出してしまい、トラックにはねられ、タイヤの下敷きになってしまったのです。前輪だけではなく、後輪にもひかれてしまったのをそのとき居合わせた警察官が目撃したそうです。

医師とともに、意識不明のルーシーを診察しました。ところが、肩に小さなあざがあるほかは、まったく無傷だったのです。レントゲン撮影室に運び込もうとしたところ、ルーシーは目を開けて、にっこりとほほえみ、「さっきの白い服のおじさんはどこ?」と聞きました。医師が自分のことかと前に出ると、「ちがうの。長い、きらきらした服を着たおじさんよ」といいます。私たちは、ルーシーの手を握り、顔を優しくなでてあげました。すると、「さっきのおじさんも、タイヤを持ち上げながら、そうしてくれたの。だから夕イヤに当たらなかったのよ」というのです。

そしてルーシーは眠ってしまいました。ケガのせいではなく、ただ、すこやかにぐっすりと。精密検査の結果、小さなあざ以外のケガは見つかりませんでした。次の日、ルーシーは退院しました。トラックの運転手は、確かに二度、何かをひいた衝撃があったと話しています。そして、道に倒れたルーシーを見て、嘔吐してしまったと。ルーシーは明るく、きっぱりというだけです。「白い服のおじさんが、トラックを持ち上げてくれたのよ」

イギリスで起きたことではないので、研究対象にはしませんでしたが、次のエピソードは、インターネットで広く紹介されており、私のところにも何度も送られてきました。ルーシーが経験した奇跡のストーリーに似ています。苦労して短く編集しましたが、編集によって話の雰囲気が損《そこ》なわれていないことを願います。

三歳のブライアンは、何分間もガレージの電動シャッターの下敷きになり、心臓のすぐ上の胸骨がつぶれてしまう大ケガをしました。これは、その後何度も手術を重ねる日々が一カ月続いたある日の午後、ブライアンが昼寝から覚めたときの様子を父親のロイド・グレンが綴ったものです。私は彼に連絡を取ろうと試みたのですが、かないませんでした。いつかぜひ会ってお話ししたい、と考えています。このエピソードを本書で紹介することをお許しくださることを願っています。

「ママ、ちょっとお話があるからそこに座って」息子がこういったとき、妻はまず、その大人びた口調に驚きました。息子は当時三歳で、もっと短い文でしか話せなかったからです。妻が息子の寝ているベッドに座ると、息子は奇跡のストーリーを話し始めました。

「僕がガレージのシャッターにはさまれたの覚えてる？　シャッターはすごく重かったし、とっても痛かったの。ママを呼んだんだけど、ママには僕の声が聞こえなかった。泣き出したら、もっと痛くなったの。そうしたら、鳥さんが来たんだよ」

「鳥さん？」妻は不思議に思って聞きました。

「そう、鳥さん。シューって音を立てて、ガレージに入ってきたの。それで、僕を助けてくれたんだよ」

「そうなの？」

「うん。鳥さんのうちの一羽がママを呼びにいって、僕がシャッターにはさまって動けないって教えたんだよ」

ここで妻は、三歳の息子には死や精霊といった概念がないため、精霊が空に飛んでいるのを見て、「鳥」だと思ったらしいということに気づきました。

「鳥さんはどんな姿をしていたの」と妻が聞くと、息子はこう答えました。

「とってもきれいだったよ。真っ白な服を着ていたの。緑と白の服を着た鳥さんもいたよ。でも真っ白なのもいたの」

「何かお話ししてくれたの？」

「うん。子供は大丈夫だって」

「『子供』って？」

するとと息子は、「ガレージの床に横たわっていた子供だ。あなたはシャッターを開け、その子供のところに駆け寄ったではないか。そして、『どうか助かってちょうだい、死なないで……』と話しかけただろう」と、こう答えたのです。

妻はこれを聞いて、驚愕のあまり倒れそうになりました。本当にその通りだったからです。ガレージの床に胸部が押しつぶされたむごい姿で横たわる息子のもとに膝まずき、もう息がないと考え、確かに「ブライアン、お願い。どうか助かってちょうだい、死なないで……」とつぶやいたのだそうです。

そして、妻は、精霊がブライアンの体から出て、上から眺《なが》めているのに気づきました。「それで、どうしたの？」と妻は聞きました。

「遠くの、方に、行ったんだ……」息子は説明しようとしましたが、うまく説明できないことにいらだち、むずかり始めました。妻は息子を落ち着かせようと、優しくなだめました。大切な経験を説明できるような言葉を息子は一生懸命探そうとしましたが、なかなかできませんでした。

「お空を、すごく、はやく、飛んだんだよ。あのね、ママ、鳥さんはね、とってもきれいなの。たくさんたくさん、いたんだよ」

この「鳥さん」は息子に、おうちに帰って鳥さんのことを皆にお話ししなさい、といったそうです。そして、息子が家に戻ったところ、消防車と救急車が来ているのを見たといいます。「子供」を白いベッドに乗せていた男性に「その子は大丈夫だよ」と教えてあげたのですが、その男性に息子の声は聞こえなかったそうです。

そして「鳥さん」は息子に、救急車と一緒にいかなければいけない、そばについていてあげるから、といったそうです。「鳥さん」があまりにきれいで、おだやかだったので、息子は帰ってきたくなかったそうです。すると、まばゆい光が差し、その光は本当に明るく、あたたかく、心地よかったといいます。

誰かがその光の中にいて、息子を腕に抱き、「君が大好きだけれど、君は戻らなきゃいけないよ。野球をしたりして、遊びなさい。そして、鳥さんのことを皆にお話ししなさい」といったのです。そして、息子にキスをし、お別れの手をふりました。すると、またシューっと音がして、鳥さんたちは雲の中に消えて行ったといいます。

息子は一時間も話し続けたでしょうか。鳥さんは、いつも私たちと一緒にいるけれど、人間は目で見て耳で聞こうとするから、その姿は見えないのだそうです。でもいつも一緒にいて、ここ（と息子は胸のところに自分の手をやりました）でしか見ることができないのだと。私たちを愛しているから、正しいことをするように、いつもアドバイスをささやいてくれているのだと。

息子はさらに、こういいました。「僕には予定があるんだ。ママにも、パパにも、みんな予定があるんだよ。その予定をきちんとこなして、約束を守らなければいけないんだ。鳥さんは、僕たちのことが大好きだから、それを手伝ってくれるんだよ」

そのあとの何週間か、息子は何度も同じ話をしてくれました。はじめから終わりまで話してくれることもあれば、かいつまんで話すときもありました。でも、いつも内容は同じだったのです。詳細が変わることはありませんでしたし、順番が変わることもなかったのです。ときどき、さらに細部に及ぶこともありました。「鳥さん」について話すときの息子は、いつもとは違い、三歳児の言語能力を超えているような話し方をするのを、私たち夫婦はいつも不思議な思いで聞いていました。

それからどこへ行っても、見知らぬ人にも、息子は「鳥さん」について話します。変な顔をする人はいません。皆、やさしく、やわらかな表情で、ほほえんでくれるのです。あの日から、世界が違って見えるようになりました。そして、それが一生変わらないことを願っています。

第四章　天使はいつもそばにいる

するとふいに、明るいブルーの服を着て、ブロンドの髪を上でひとつにまとめた女性が現われたのです。その女性は私にほほえみかけ、「お困りでしょう」と、私たち家族の人数分の航空券四枚を手渡してくれました。主人のジョージはあっけにとられていました。お礼をいおうと顔を上げると、もう彼女は消えていたのです。

ここで、私自身の話を少し。確か私が八歳、妹が五歳のころだったと思います。ある日、妹をベビーカーに乗せて、友達のピーターと一緒に出かけました。母から、運河に近づいてはいけないときつくいわれていたのですが、歩いているうちに、運河の引き船道に出てしまいました。

私は、ピーターと土手の上で遊びたかったので、妹にはベビーカーに座ったままでいるようにいいつけ、その場を離れました。妹は当然そのままでいるはずがなく、私たちのあとからベビーカーを引っ張り土手を上ってきたのです。そして手をうっかり離してしまい、ベビーカーは運河に落ちてしまいました。

母のいいつけを守らなかっただけでなく、ベビーカーと、中にあったコートと帽子も水の中に落としてしまったのです。私は泣き出し、誰か助けて、と祈りました。すると、先が曲がった柱材をもった少年が坂を下りてきて、ベビーカーとコートと帽子を運河からすくい上げてくれたのです。

このときは、これは偶然ではなく奇跡だと思ったのを覚えています。そして、いまでもこの若者は、何か特別な存在で、天使だったのかもしれないとも思うのです。

天使の体験談は、九死に一生を得たり、何か事件を防いだりというものがすべてではありません。この章で紹介するのは、前章の体験談に似てはいますが、それほどドラマチックでなく、もっと日常的なエピソードです。天使の役目も、ちょっとした人助け程度のもので、体験した人たちが危機に瀕していたり、病気だったり、あるいは未知の体験を求めていたわけでもありません。ごく普通のことで困っている人に、さっと救いの手がさしのべられたといったエピソードが多いようです。

なかでも、車に関係して危ない思いをしたときに助けられたという体験談は少なくありません。そこでまず、本章では、溝や大雪、あるいは泥にはまって動けなくなった車が助け出された例を紹介します。どのケースでも、誰かがどこからともなく現われ、困った人を助け、そして消えてしまう、というパターンが繰り返されています。

四〇年ほど前、イベット・ダラールは弟と友人と一緒に、車でヴィットーリアから、マドリッドとトレドを抜け、ジブラルタルへと南下するイベリア半島の旅に出ました。これはそのときの話です。

私たちは、二〇代前半で、仕事についたばかりで、人生は楽しいものだと気楽に構えていました。皆、不可知論者で、怖いもの知らずで、傲慢《ごうまん》でした。

そんな私たちは、無謀にも、食糧も水も積まずに友人の車フォルクスワーゲン・ビートルで出発したのです。数時間たったころ、あたりが、荒涼とした赤土と岩と砂ぼこりの続く風景に変わりました。標識もなければ、車道も砂で覆われ、岩のあいだを縫う道なき道と化していきます。あたりにはまったく何もなく、こんな道を選ぶ世間知らずは私たちぐらいしかいない、という事実を無惨にもつきつけていました。見渡す限り、廃屋すら一軒もないのです。

そこは高地になっており、遠くまで四方をすべて一望することができ、スペインの広大さがいやというほど見て取れました。ちょうど頭上から焼け付くような太陽が照ってきたので、私たちは南だと思われる方向に向かいました。

するとまもなく、車が急に止まってしまいました。日ざしが強かったため、前がよく見えず、後ろのタイヤが深い溝にはまってしまったのです。前へも後ろへも進めず、車を持ち上げようとしてもだめでした。のどがからからに乾いていましたが、水もなく、まわりには誰もいず、そこがどこなのかもまったくわかりませんでした。当時は携帯電話もなかったのです。私たちは恐怖におののいていました。

すると、そのときです。何の音も前触れもなく、岩の影から若者が現われました。白い服を着て、長く濃い色の髪をしたその若者は、私たちにほほえみかけ、車の下に手をやると、まるで車が軽い木材でできているかのように、実に軽々と溝から車を持ち上げたのです。私たちは開いた口がふさがりませんでした。いったい、この若者はどこから現われたのでしょう。彼はただほほえむと、ある方向を指さし、きびすを返して岩だらけの風景の向こうに消えてしまいました。

彼が指した方向に向かって運転しつづけると、道はやっとマドリッドまで続く車道に変わったのです。

それ以来、私はこの若者について、幾度となく思いを巡《めぐ》らせてきました。あれは、天使だったのでしょうか。

次のヒックマン夫人の体験談は、一九七七年八月、ご主人と二週間前に買ったばかりの新車でテムズ・バレーに出かけたときの話です。

その日は朝から雨模様だったのですが、ウェールズで娘たちと合流する予定だったので、気にせず出発しました。雨はひっきりなしに降り続けました。有名な白馬の地上絵のある、ホワイトホース谷を探したのですが、丘陵ごと霧に隠れてしまったようで、どうも見つからないのです。

やっとのことでそこへ通じる道を見つけ、トウモロコシ畑の中を運転し続けました。両側に生垣があったので、方向転換はできません。すると、こともあろうに車がゆっくりとぬかるみにはまっていくのがわかりました。二週間前にはじめて買ったばかりの新車だったのに。

ぬかるみからなんとか車を引き出そうとしましたが、ホイールアーチの上まで泥にはまっています。近くの畑で見つけたワラをタイヤの下に敷いてみたり、必死でいろいろと試みたのですが、もう車はだめになってしまうだろう、とあきらめかけました。

するとだしぬけに、霧の中から四人の男性が現われました。リュックサックを背負ったハイキング姿で、私たちと同じようにずぶ濡れだったのですが、作業を替わってくれたのです。

数分もたたないうちに、四人がそれぞれのタイヤの上をつかんで持ち上げ、無事、かたい土の上に車をおろしてくれました。まるで夢でも見ているようでした。何かお礼をと思い、せめて飲み物代でもと申し出たのですが、受け取ってくれません。でも、言葉でお礼をいうだけでは、物足りない気持ちでした。

彼らはほとんど口をききませんでした。私たちは車に乗り、最後にまたお礼をいおうと後ろを振り返ったのですが、彼らの姿は消えていたのです。

その道は少なくとも三キロはありましたし、両側には畑が広がっていました。それなのに、四人の姿はどこにも見当たらないのです。

私は、人間には守護天使がついていると信じています。テムズ・バレーで休みを過ごした道中、そしてとりわけホワイトホース谷にいたのは、まぎれもなく天使です。あのぬかるみの道で、現われたときと同じように、彼らはあっという間に消えてしまったのです。

コンピュータと同じで、車は正常に動けば素晴しく便利なのですが、故障したときは頭痛の種となるものです。まわりに何もないところで車が故障し、奇跡的に救いの手がさしのべられた例は、他にも多くあります。数年前、ジャネット・キャスはこんな経験をしました。

私たちには、ランカスターのリザムに住む息子がいます。私たちの住む町からそこへ行くのはなかなか面倒で、特に交通事情や天気が悪いときはなおさら時間がかかります。そのとき、M6号線でいつもの渋滞にはまってしまいました。雨は土砂降りで、雲は重く空に垂れ、日も暮れようとしていたので、見通しは最悪でした。

もうすぐリザムに着くというころ、プレストンの近くだったでしょうか、信号の手前でうちの車が止まってしまい、エンジンがかからなくなりました。後続の車は、私たちをよけて行きましたが、そのうち一台が前方に停まり、男性が出てきました。ロープがあるので、修理場まで牽引してくれるというのです。その男性は二台の車をロープで結びました。私は深く考えずに「ありがとう。あなたはまるで天使のようですわ」といいました。

主人がエンジンキーを回してみると、エンジンがかかりました。その男性はほほえみ、用のなくなったロープを外し、忽然と消えてしまったのです。どうやって姿を消したのか、まったく見当がつきません。

こういった体験談を読んで、ただ誰かが足を止めて、手を貸してくれただけじゃないか、と考える人も多いでしょう。最近では、残念ながら、人助けはまれなことのようですが。

こういったエピソードを寄せてくれた人たちは、救ってくれた人には、はっとするような何かがあった、と一貫して主張しています。もちろん、重い荷物をもっているときに誰かが手伝ってくれるという経験は、誰にでもあるでしょう。しかし、もしそれだけのことであれば、何年たっても鮮明に覚えているような人がどれほどいるでしょうか。ここで紹介するエピソードが普通と異なるのは、まさにその点なのです。

人生を変えた出来事

人の考え方や人生観を変えるべくして起きた体験談もあるようです。キャノン・R・ブロードベリー神学修士が、一九五二年、トリニティ・カレッジ（ダブリン大学）の学生だったときのことです。

昼食の前、グラジュエイツ・メモリアル・ビルディングの神学クラブ部室で、私は友人を相手に、カトリック教会の教義に対する批判を得意げにまくしたてていました。

議論を続けていると、ドアが開き、塗装用の白いつなぎを着た用務員らしき人が入って来ました。その人は、少し間をおいてから、我々が話していた内容に踏み込んできて、聖書を開いて引用しながら、原罪の教義について、私たちの誤りを指摘しました。

そしてその人は部屋を出て行きました。我々はあっけにとられ、顔を見あわせました。そして彼を探しに出てみたのですが、階段にも建物の外にもいなかったのです。他の用務員たちが塗装などをしている様子も見当たりませんでした。そして、覚えている限りでは、別の階の哲学や歴史クラブの部室にもいなかったのです。

我々の偏狭な考えを一瞬のうちに正すために、天使が遣わされた。私はそのときも、そして今でもそう信じています。

D・フーティット牧師も同じような出来事を経験し、自分の人生を深く考え直すことになりました。

彼は当時まだ神職についておらず、筋金入りの無神論者でギャンブル好き、そしてアル中気味でもあった彼は、奥さんが教会に行くときはいつも家に残っていました。

ある夜、不思議な声を聞き、その一週間後、本屋でぶらぶらしていると一人の浮浪者に出会いました。そして、なぜか酒をおごることになった飲み屋で、浮浪者は自分の人生についてさまざまなことを語り明かしました。フーティット氏はそれに触発され、自分の人生を見直すことができたのです。そして浮浪者が去ったあと、飲み屋の他の客にはその浮浪者の姿がまったく見えなかったことがわかりました。この経験をきっかけに、フーティット氏は、キリスト教ペンテコステ派の牧師となったのです。

また、デビッド・ブッチャー牧師も、ある日、見ず知らずの人が教会の牧師室のドアをノックしたことをきっかけに、人生を見つめ直すことになりました。その日、ドアを開けると、見知らぬ人が立っており、中に入って話してもいいかと聞くのです。

その人は、いたって普通の感じの男性でした。あえていえば、多少落ち込んでいる様子は、あったでしょうか。はじめて見る顔で、名前も知らない人でしたが、悩みがあるのでアドバイスがほしい、とのことでした。まったくの初対面にもかかわらず、その男性は私に完全に心を開き、話し始めました。

これだけなら、別段おかしいことはないかもしれません。私も、ここまではそれほど不思議に感じませんでした。私は、ごく常識的なアドバイスに加え、聖書の言葉を使いながら、まっすぐに答えました。

ふいに、私ははっと言葉に詰まりました。私も当時ある問題で悩んでいたのです。きわめて個人的なことだったので、人に打ち明けることもできず、一人で思い悩んでいました。そんなとき、この男性にまったく同じ悩みを打ち明けられ、一緒に向き合っていることに気づいたのです。私は彼に助言を与えることで、はじめて客観的な立場に立つことができ、自分に必要な答えを見つけていたのです。

彼は立ち去り、それ以来、二度と連絡が来ることも姿を現わすこともありませんでした。悩みがあれほど深刻だったことを考えると、不思議です。そのとき、そして今でも、あの男性は神が私に遣わされた天使だったのでは、と思うことがあります。私が自分の迷いに気づき、答えを自分自身で見いだすために。

私たちの不思議な体験

次に、旅行中などにたいへんな思いをしていたとき、天使に救われたという体験談を紹介します。

一九八一年、テネリフで休暇を過ごしていたときのことです。食中毒にかかってしまった私と生後一〇カ月の息子エドワードは、続けざまに病院にかつぎ込まれました。どうしても家に早く帰りたかったので、二週間で病院を出て、空港で飛行機を待っていました。

ちょうど休暇シーズンの真っ最中で、どの便もいっぱいです。私たちは祈りました。するとふいに、明るいブルーの服を着て、ブロンドの髪をアップでひとつにまとめた女性が現われたのです。その女性は私にほほえみかけ、「お困りでしょう」と、私たち家族の人数分の航空券四枚を手渡してくれました。主人のジョージはあっけにとられていました。お礼をいおうと顔を上げると、もう彼女は消えていたのです。機内では、あとからテネリフまで駆けつけてくれた主人の母も弟も、みな続いた席でした。

私たちは、あの女性は天使だったのだと信じています。有名なテレビ伝道師のビリー・グラハムが書いた天使の本のことは耳にしていたので、この出来事についていろいろな人に話してみましたが、何か別の解釈をつけようとする人もいれば、天使だと信じる人もいました。慈悲深い神様は、困っていた私たちに天使を遣わされたのです。

一九五六年、ジェニファー・ジェンキンズがチャリング・クロス病院で看護師のインターンをしていたときのことです。当時、ジェニファーは、ノースウッドにあるマウント・バーノン地方病院に配属され、結核治療の実習をしていました。

ある夜、もう一人のインターンと一緒に、町へ踊りに出かけたときのことです。車で送ってくれるという人がいたので、予定していた終電には乗りませんでした。ところが、あとからけっきょく送れないと断られ、途方に暮れてしまいました。

二人とも電車代しか持ち合わせていなかったので、タクシー代には足りません。それだけでなく、遅くなったことを当直の婦長に見つかるのが怖くてたまらなかったのです。婦長は駐車場を見まわり、夜間の外出許可を得ずに出かけた看護師に、目を光らせるお目付け役だったのです。先輩の命令はぜったいという時代でしたから。

私たちは、ドルチェスターホテルの近く、パークレインの三叉路の歩道に立っていました。まわりには建物の出入り口や通路などもなく、柵に囲まれた花壇や芝生があっただけでした。

タクシーを止め、二人の手持ちの現金でどこまで行けるか運転手に聞きました。そうしながら、タクシーを降りてからの道のりをどう歩いて帰るか、頭を悩ませていたときです。正装した男性が現われ、何かお困りですか、と話しかけてきました。

状況を説明すると、ためらいもせず病院までのタクシー代を差し出してくれたのです。タクシーの運転手は、それで充分足りるかどうか確認し、私たちは驚いてただそのお金を見つめるだけでした。お礼をいおうと振り返ると、もうその男性は消えていたのです。あたりの道をすべて見まわしましたが、どこに消えたのか、誰もわかりませんでした。

その男性は、燕尾服に白いネクタイという、フレッド・アステアのような正装に身を固めていました。あたたかい車内に座ると、運転手は、信じられない、といった面持ちでいいました。あれはきっと、君たちに遣わされた守護天使に違いないね、と。

道に迷うのは誰にでもあることですが、特に大切な用事に向かう途中で迷子になると、途方に暮れてしまうものです。第三章で、男の子連れの女性に思いがけず電車の中でピンチを救われたジーン・フリーマンは、他にも、不思議な経験をしています。この二番目の事件は、最初の事件からずいぶん年月がたっていますが、つながりがあるのです。

いとこの結婚式へと車で向かっていたのですが、ガトウィックへ向かうメインストリートから教会への道に曲がりそこねてしまったため、道に迷ってしまいました。しばらく行ったところのロータリーにガソリンスタンドがあったので、道を聞こうと駐車場に入っていきました。

車から出ようとすると、その昔、プレストン・ロード駅で見かけたあの女性が、車通りの多い道を渡ってこちらにやってくるではありませんか。彼女は買い物かごをさげ、どうしたのですか、と聞いてきました。私が目的地の教会の名前を告げると、ちょうどその近くで買い物があるからと、車に乗りこみ、教会までの道を教えてくれたのです。

彼女に、いったいどなたでしょう、と聞くべきか迷ったのですが、私は口もろくに聞けないほど、あっけにとられていたのです。

教会で車を降りた彼女に、私はなんとかお礼の言葉をいいました。その女性には頭光こそありませんでしたが、最初に見かけたときも、このときも、とても素敵なツイードのコートを着ていました。

そして、この出来事を話してみたところ、いとこはこういったのです。「でも、教会の近くには買い物ができる店なんて一軒もないよ」

ドロシー・ニコルズとご主人も、見知らぬ人に道を教えられました。

主人が自分は聖職に召されたと考え、バプテスト派の神学教育大学に行くことを決めたときのことです。ロンドンの一校と、ブリストルの一校、そしてオックスフォードのリージェンツ・パーク・カレッジの計三校を訪ねることにしました。

オックスフォードに着き、街なかに車を停めました。面接のため大学に行こうと歩いていたときのことです。確かな道順もわからず歩いていると、ふいに、男性が話しかけてきました。

その人は、六〇歳ぐらいだったでしょうか。オーバーかレインコートを着て、道ばたのベンチに座っていました。そのときのことは、いま考えても本当に不思議です。私たちは大声で話してもいませんでしたし、目的地のこともその時点では口にしていなかったのに、

「リージェンツ・パーク・カレッジをお探しですか?」と聞いてきたのですから。彼が道順を教えてくれたおかげで、私たちは大学まで無事に着くことができました。

取るに足らないことだ、と考える人もいるかもしれませんが、私たちにとっては、とても大きな意味をもつ出来事でした。けっきょく、主人はリージェンツ・パークではなく、ブリストル・バプテスト・カレッジに行くことになったのですが、いまでもあの日の不思議で親切な人を思い出します。

ジャニス・ウェストにも同じようなことが起きました。

ある夜、主人と、それからアジアから迎えていたお客様とともに、天使だと思われる存在に出会いました。その夜、お客様が次に泊まることになっていた家を探して、狭い田舎道を走っていました。番地は知っていたのですが、それが通りのどの辺にあるかがまったくわかりませんでした。道沿いには一軒の家も、街灯も見あたりません。

細い行き止まりの道があったので、入って車を停め、どうか宿へお導きくださいと祈りました。すると、後ろからもう一台の車が入って来て、三〇歳前後の感じのよい男性が降り、何かお困りですか、と聞いてきたのです。

私たちは探している家の住所と家主の名前を教えました。するとその男性は、「ついていらっしゃい」と誘導してくれたのです。そして、道路脇の柵のすきまがある場所で、車が止まりました。それが、探していた家の入り口だったのです。主人はお礼をいうために車を出ましたが、その男性はもう行ってしまったあとでした。

あとで、私たちは、その男性がただの通りがかりの人であるはずがないと気づきました。車を停めて祈っているときに、わざわざ奥まった行き止まりの道に入ってきたのですから。普通の人だったら、私たちがそこにいることも、困っていることも、わかるはずがありません。この男性は、私たちに遣わされた天使だったのだと信じています。

第五章　盲目の人が見る天使

今生のほの暗き魂の窓を通せば／天地は余すところなくゆがみ／偽りを真実だと信じてしまう／魂の目で見なければ　――ウィリアム・ブレイク『永遠の福音』

天使の体験談を綴った何百通もの手紙を読み込み、データベースに入力する過程で、異質の体験談が三件あることに気づきました。送り手はいずれも法定盲人（そのうち一人は先天性盲人）であるにもかかわらず、天使を見たという体験を健常な視力の人と同じように語っているからです。

盲人が見る天使のビジョンについて書かれた文献はまったくといってよいほどなく、どこから手をつけるべきか私は頭を悩ませました。まず、臨死体験に関する本は多数あるので、盲人の臨死体験について触れたものもあるかもしれないと考えました。ある論文では、臨死（ニアデス）体験の際に、盲人が「見る」という経験をしたかどうか検討した、ケネス・リング博士の研究を参考にしていましたが、宗教的体験を対象とした研究や、視覚的（感覚的）な天使体験談を中心にした研究は、予想どおり皆無でした。

「あなた方に人間が見えるように、私には天使が見えるのです。なんて素敵なことでしょう！」――ステファニー・サージェント

盲人の対象者三名のうち、ステファニー・サージェントはクリスチャンで、生後すぐに法定盲人だと認定されています。小眼球症を伴う先天性両側性白内障で、盲導犬を利用しています。二人目のルース・アルバートは、理知的な仏教徒のユダヤ人で、五歳のころから遺伝性の近視による視覚障害をわずらっていました。天使体験の当時、ルースは五四歳で、法定盲人となっていました。一九九九年四月に白内障の手術をしてから、右目は手術のおかげでわずかながら視力が改善していますす（左目はまったく視力がありません）。三人目のマイケルは、遺伝性の色素性網膜炎で二歳のときから視力を徐々に失いました。現在三〇代前半のマイケルは、暗闇と光がやっと判別できる程度で、盲導犬を利用しています。

まずステファニーは、この二〇年間、幾度となく天使を見ているといいます。はじめて見たのは、一九七八年、二四歳のとき、一人でロンドンまで出かけて迷子になった日のことでした。大通りを渡ろうとしていたとき、ある男が、一緒に渡ろうと大変押しつけがましい調子で話しかけてきました。途中まで渡ったあたりで、ステファニーが自分がクリスチャンであることを話すと、男はなぜか怒りだし、なんと大通りの真っただなかに、目の見えないステファニーを置き去りにしてし

まったのです。すると、天使が二人、彼女の左右につくのが見え、道を渡りきるまで無事案内をしてくれました。ステファニーはこの出来事に驚きもしなかったようで、私にも、何でもないことのように話してくれました。天使は聖書にも記録されている存在であり、聖書でエリヤが天使を見たとき従者の目が開いたように、自分の目も開いたのだと、考えているそうです。この後、ステファニーはこの経験について神と語り、さまざまな疑問が解けたといいます。

ステファニーのもっとも鮮烈な経験は一九九七年に起きました。敬虔《けいけん》なクリスチャンだったステファニーの父親が亡くなったという知らせを聞いた直後です。バーミンガムからロンドンのユーストン駅に向かう電車に乗っていると、突然、「涙の向こうに、父が天国に着いたと、天使たちが喜んでいるのが見えた」のだといいます。車両の中で、光り輝く天使がたくさん軽やかに動き回っていたそうです。また、天使の美しいコーラスと喜びに満ちた笑顔で彼女は元気づけられたといいます。ステファニーは手紙に次のように書いています。「ところで、私は生まれつき目が見えません。ですから、友人たちの笑顔を見たこともないのです。でも、天使の笑顔を見たおかげで、友人たちが説明していた『笑う』という表情を、いまでは想像することができます。笑顔というのは、生きる喜びを深めてくれるものですね」

一方、ルースは一九八〇年四月にはじめて不思議な体験をしました。当時、彼女はひどく落ち込んでいたため（うつ病まではいきませんが、うつ状態ではありました）、瞑想の方法を学び、ある夜、試してみることにしたのです。百から逆さに数え始め、一まで数え終わると、「まるで胸の中で脈打つ喜びのような」ぬくもりに包まれたのです。

それから数日間、それまでとは違った形で自然を感じるようになりました。「自然も、私の感じている愛や喜びと一体となって躍動しているかのようなのです。私の心は喜びであふれ、心の目で、太陽の光が天からさしているのを見たのです」ルースは、その後も神秘的な体験を重ねています。この最初の経験は、これまで本書で見てきたような体験談とは違いますが、ルースにとっては大きな転機となり、これをきっかけに、ルースはオープンで柔軟な人間になったのです。ルースは以前から神の存在を信じていましたが、この経験で人生が一八〇度変わってしまったのです。

一九九五年、ルースが肘掛け椅子に座っていたとき、ふと顔を上げるとドアのところに立っている天使が「見えた」といいます。その天使は雲つくばかりの大きさで、力強い霊気を放っていました。ルースが類語辞典を取って膝に置き、「これは誰？」と聞き、あてずっぽうにページを開いたところ、指が自然に「守護天使」という言葉を指したといいます。

このときから、ルースは同じような経験を数え切れないほど重ねています。このような「リーディング」は、通常エンジェルカードや本などを使って行なうそうです。ルースの場合は、聖書や類語辞典（一八歳の誕生日にプレゼントされたもの）を手に取り、神か守護天使に質問をします。本を開き、ページに指を走らせ、指が自然に止まるまで待ちます。すると、九五パーセントの確率で、質問に対する正確な答えや予言に相当する節にあたるのだそうです。

しかしルースは、こういった神秘体験の危険性を指摘し、軽い気持ちではじめるべきではないこと、そしてきちんとした方法を知っている人だけが実行するべきであることを強調しています。一九九九年四月、目の手術を控えて不安に思っていたルースは、術前検査に出かける直前、「天使さま、私の目は見えるようになるでしょうか」と聞きました。開いた聖書で指が止まったのは、「天使はいった。『恐れることはない』」という一節でした。そして、「本が読めるようになるでしょうか」と聞くと、歴代誌上、二八章一九節の「これらすべては、主の御手がわたしに臨んで記されたもの」という一節に止まったといいます。

三人目のマイケルは、生まれつきまったく目が見えないわけではありませんが、視力が正常であったこともありません。彼は断固とした無神論者で、合理的で論理的な人間です。ハンディキャップをものともせず、何でもこなし、弁護士事務所で立派な仕事についています。体験談については、その場にいた父親と看護師たち以外に知る人はいません。理にかなった説明が不可能なので、他の人にどう話してよいかわからないのです。

マイケルの母親が、脳卒中で倒れたときのことです。糖尿病の持病があったので、予断を許さない容態となっていました。日曜日の朝に母親が急きょ入院してからずっと、マイケルは母の病床に父親といっしょに付き添い、その日の夜遅くまで、狭い集中治療室にいました。するといきなり、強烈な甘い香りがただよってきました。他の何ものとも比較しようのない、このとき以外はまったく経験したことのないようなにおいです。

マイケルは、何の香りだろう、と父親に聞きました。集中治療室ですから、花などは何もありません（ちなみに、父親はその香りをまったく感じなかったそうです）。すると、年老いた母親の顔が、「天国の光に照らされたように」輝いたのです。それは、まるで母の顔ではないようでした。それから数分間、彼は心配と恐怖でいてもたってもいられなくなりました。まもなく母親は、ふいに、そして静かに息を引き取ったのです。

マイケルは、「何か不思議な理由があるのかもしれない」としながらも、まだ完全にこの出来事を信じているわけではない、といいます。また、父親がなぜその香りを感じなかったのかわからないけれど、あれは母親の別れの挨拶であり、死に対して心の準備をさせてくれたのかもしれない、といいます。マイケルの父親は敬虔なクリスチャンだったので、妻が無事天国に行ったのだという強い安心感を覚えました。父親の方がこの経験を好意的にとらえており、妻が一人息子に別れの挨拶をしたのだろう、と解釈しています。

不思議なのは、このような現象の、タイミングの唐突さです。マイケルも父親も、母親の容態の深刻さはわかっていましたが、その死がそれほどおだやかで、そしてそれほど急にやってくるとは、予測していなかったのです。つまり、母の容態は安定していると考えていたのです。そして、この経験は、出し抜けに、何の警告もなしに起きました。論理的には、死を招くような要因は何もありませんでした。

盲目者が天使を見るという体験は、明らかに特殊なエピソードです。これは、法定盲人の多くが、わずかながらも視覚があることも関係しているのかもしれません。一般的に、盲人はまったく何も見えないものだ、と誤解されています。『臨死体験研究雑誌』に掲載されたケネス・リング博士の研究"Near-Death and Out-of-Body Experiences in the Blind : A Study of Apparent Eyeless Vision"(盲人における臨死体験と体外離脱――「見えない」人の視覚の研究)も、「『見えない』人の視覚」というタイトルからして、この誤解を助長するものです。

法的には、視覚的解像度が一定のレベルを下回ったときにその人は盲目だと判定されます。つまり、盲人のほとんどは、光と暗闇の違いや、動きなどもある程度はわかるのです。したがって、盲人には視力がまったくない、という考え方は、正確ではありません。

しかし、その他にも、天使の体験談自体には直接関係していないかもしれませんが、この三名の対象者の経験を別の角度から見ることができる興味深い現象があります。それは、盲人の臨死体験や、「盲視(ブラインドサイト)」と呼ばれる現象、そしてその他の医学的な症状です。

盲人と臨死体験

臨死体験の研究では、盲人が体外離脱体験をした場合、実際に何かを「見ている」のだろうかという疑問が、久しく関心の対象となっています。「見ている」とする例を発表した医師は多数いますが、そのうちの一人、ラリー・ドッシーは、著書『魂の再発見――聖なる科学をめざして』の冒頭で、サラという女性の印象的なケースを紹介しています。

サラは生まれつき目が見えませんが、手術中に心臓が停止したとき、入り組んだ視知覚を経験したと紹介されました。しかし、後日このエピソードや他の類似例は、つくり話であることがわかりました。ドッシーは、サラのようなケースは実際に存在するであろうとした上で、完全なつくりごとだったとケネス・リングに告白しています。このように、先天性の盲人が経験したとされる視覚的臨死体験について書かれた本の多くは、次の版では、体験談が虚偽であったため、エピソードが削除されています。

私自身も、健常な視力のある人のように盲人が臨死体験で何かを見た、という実証済みの話にはなかなか出会えないでいます。しかし、次の二例は、天使とは関係ありませんが、このテーマを論じる上で興味深いケースだと考えます。

ブラッド・バロウスは、生まれつき全盲です。ボストン盲学校にいた八歳のとき、ブラッドは重い肺炎をわずらって呼吸困難に陥り、四分間、心臓が停止したため、ＣＰＲ（心肺停止の蘇生救急）がほどこされました。

ブラッドは、息ができなくなったとき、ベッドから体が浮き上がり、天井へと上がっていったことを覚えています。そして、ベッドに横たわる自分の「死体」を見たといいます。また、ルームメートがベッドから身を起こし、人を呼びに行ったのを見ています（このルームメートは後日、確かにそうしたと証言しています）。そしてブラッドは、次々に天井を突き抜けてゆき、ついに建物の屋根の上まで出ました。そこで、自分の目がはっきりと見えることに気づきました。おそらく朝の六時半から七時のあいだだったそうで、空は雲が多くまだ暗かったそうです。その前日は雪嵐だったので、あたり一面が雪で覆われていました。道路は除雪されていたようでしたが、まだみぞれ状の雪が残っていました。それらすべてを、生まれつき全盲であるにもかかわらず、ブラッドは克明な描写をしています。除雪車が寄せた雪の山や、路面電車、そして、学校の遊び場や、よくのぼったことのある近くの丘も見えたといいます。

この体験について、ただ単に「知っていた」のか、それとも本当に「見た」のか、と問われたとき、ブラッドは、こう答えています。「はっきりと見えました。急に気づき、目に入ったのです。覚えているのは、くっきりと風景が見えたことです」ここまではあっという間に過ぎ、その後、トンネルに入り、そこから出ると、まばゆい光にくまなく照らされた、だだっ広い野原に出ました。そこはまるで完璧な天国のような場所だったといいます。

その野原でも、ブラッドはすべてを見ることができました。ただし、「見える」という感覚に、とまどったといいます。背丈の高い草に囲まれた道を歩き、巨大な葉のある背の高い木が見え、影はまったく見えなかったそうです。

ここで、ブラッドは美しい音楽を聞きました。それは、聞いたことのないような音色で奏《かな》でられ、その音のする方向に足を伸ばすと丘があり、その丘をのぼると、光り輝く石造りの建物が見えました。あまりにもぎらぎらと輝いているので、ブラッドははじめ建物が焼け付くように熱いのではないかと思いましたが、そうではないことがわかったので、中に入りました。ここでも音楽が鳴り続き、それはまるで神をたたえているように思えたといいます。この建物でブラッドは、見知らぬ男性に出会いました。その男性は圧倒されるような愛をたたえており、無言のまま優しく後ろへとブラッドを押し戻しました。するとそれまでの経験が逆再生のように再現され、気がつくと、二名の看護師に付き添われ、ベッドであえいでいる自分に戻ったのです。

もう一人ここで紹介したいのは、やはりブラッドと同じく、生まれつき盲人のビッキー・ユミペグです。ビッキーは二二週で生まれた超未熟児で、体重はわずか一三〇〇グラムでしたが、生後、さらに八五〇グラムに落ちてしまいました。一九五〇年代当時、未熟児の大半がそうであったように、ビッキーも酸素が投入される気密式の保育器に入れられました。しかし、酸素の量が多すぎ、当時アメリカで生まれた他の五万人の未熟児と同様、視神経に障害をきたし、全盲になってしまったのです。研究者のグレッグ・ウィルソンとの最初のインタビューで、視覚的な経験はまったくない、とビッキーははっきり述べています。

質問者　何も見えないのですか。
ビッキー　まったく、何も見えたことがありません。光も、影も、何もです。
質問者　両方の目の視神経が損なわれてしまったということですね。
ビッキー　そうです。ですから、光というものさえ、どのようなものかわかりません。

一九七三年、ビッキーはシアトルのナイトクラブでときどき歌手として出演していました。自分の出番が終わり、帰宅しようとしたある夜、タクシーがどうしてもつかまらず、酔っぱらったお客さんが運転するワゴン車で帰ることになりました。予想通り、車はひどい事故を起こし、ビッキーは車外に放り出され、頭蓋骨骨折と脳しんとうに加え、首と背中と片方の脚に大ケガをするという命にかかわる重傷を負い、意識不明になりました。失神の心配をせずにまっすぐ立てるようになるのに、一年かかったほどです。

ビッキーは、事故の直前までの経緯ははっきり覚えていますが、意識が体から離れ、めちゃめちゃになった車体と自分の体を見たという経験については、ぼんやりとしか記憶していません。病院へ搬送される間のことはまったく覚えていないのですが、救急治療室では、医師が自分の体に処置をしているのが上の方から見えました。そして、鼓膜に損傷をきたしたため、耳が聞こえなくなるかもしれない、と話す医師の会話が聞こえたのです。するといきなり、天井をいくつも突き抜け、病院の屋根の上にまで到達しました。そこでは、周囲がパノラマのように見渡せ、ウィンドチャイムのようなハーモニーの音楽が聞こえたといいます。

そしていつのまにか、今度は何か管のようなものに頭から吸い込まれたことに気づきました。中は暗闇でしたが、光に向かっていることがわかりました。管から転がり出ると、木々や花々、そして大勢の人に囲まれ、草の上に横たわっていました。そこには、知り合いが五人いて、そのうちの二人は、六歳と一一歳で亡くなった昔の同級生でした。この二人は軽い知的障害だったのですが、そこでは光で包まれ、美しく健康で元気な姿でした。そのほかには、子供のころに面倒を見てくれていた人たち二人と、祖母がいました。

そのとき、ビッキーは「すべてを悟《さと》ったような、あらゆることの理屈がわかったような」感覚に襲われ、宗教や科学、数学などの知識がどっと押し寄せるのを感じたといいます。そして、他の人たちよりはるかに強い光を放っている人物が横にいるのに気がつき、すぐに、それがイエス・キリストだとわかりました。イエスは、誕生から現在までのビッキーの人生を見せ、あなたはここにはいられない、戻って子供を産まなければいけない、といったのです。そして、ドスンというひどい衝撃がしたかと思うと、ビッキーは重苦しさと痛みに包まれた自分の体に戻ったのです。

盲視／ブラインドサイト

夢と、盲人の見るビジョンには明らかな類似性があります。近視の人も、夢で見るイメージは決してぼやけず、めがねやコンタクトレンズを使ったときと同じように見えます。同じようなことが前述のケースにもいえるのだと考えられます。視力がわずかにある人も、まったくない人も、自分が見たものの認識や説明に困ることはなく、完全にはっきりと見えたのです。

臨死体験とは、肉体の目で見るのではなく、以前見たことがあったり脳に蓄積されたイメージを見ているのだとする意見が大半です。夢を見ているときや、何らかのケガや病気で臨死体験をするとき、体は健康な人の覚醒時とは違う状態にあるというところまではよいでしょう。では、臨死体験や体外離脱で見られるビジョンは、意識の変容状態だと説明できるものでしょうか。あるいは、天使の体験談や前述のような例は、それとはまったく異なるタイプの体験なのでしょうか。

さまざまな文化において、夢は第三の目で見るのだと考えられています。これに関連して、ここで「盲視／ブラインドサイト」という現象について検討する必要があります。盲視とは、たとえば、目の見えない人に向かってボールを投げると、それをうまくよける、というような現象のことを指し、前述のようなケースを引き起こす要因のひとつであるとも考えられるのです。

『ニュー・サイエンティスト』誌に最近掲載された、盲視と意識との関連についての研究論文では、「脳スキャンを駆使する神経科学の研究者から哲学者、そして人工知能の専門家まで、今日《こんにち》では盲視に一目置いている」と強調されています。

この論文では、八歳のとき走行中の車の前に飛び出してはねられ、頭の後部を強く打った、グラハムという男性について触れています。当初、医師は生命にかかわる重傷だとし、運がよくても脳の損傷はまぬがれないだろうと考えましたが、奇跡的に、損傷は後頭部の第一次視覚野と呼ばれる領域の左側だけにとどまりました。この部分は、網膜からの視覚情報の主な受容体のひとつです。

皮肉なことに、このケガのおかげでグラハムは心理学者や神経科学の研究者から研究対象として引っ張りだことなり、本業の精神科看護師としての仕事には週の半分しか従事していません。一年間で、一回あたり三日間続く実験に二九回参加している計算になります。

事故により、グラハムは盲視という能力を得ました。どちらの目でも、焦点の右側はまったく見えません（反対側の視野は見えています）。しかし、実験により、手を伸ばして対象物をつかんだり、また画面上の光点の位置をあてたり、そのほか、完全な視力がなければできないと従来考えられていた作業が可能であることがわかりました。グラハム自身は、こういった作業ができるのは単なるあてずっぽうの結果であるような気がする、と話しています。

科学者がグラハムの症例に興味をもっているのは、グラハムが無意識に「見ている」と思われるからです。明るい光が目の前で点滅すると、グラハムはその動きを普通「暗い影」として認識します。そして、光や対象物が一定以上の速さで動くと、形や体積や色のない、「ただの動き」として認識します。グラハムの例は、対象物を意識的に見るだけが、それをとらえる方法ではない、ということを示しています。こういった例はグラハムだけでなく、ヘレンというサルを使って行なった初期の実験でも見られています。ヘレンも脳の第一次視覚野の一部（視覚に必要だとされる領域）に損傷があるのですが、対象物をとらえ、食物をつかむことができるのです。

グラハムのこの特殊な現象は、故キース・ルドックが率いた、ロンドン大学インペリアルカレッジの研究者グループが一九七〇代後半に実験を開始するまで知られることがなく、グラハム自身も気づくことがありませんでした。実験を重ねた結果、グラハムは正常な視野を使って物を見ているのではないことがわかりました。研究者は、被験者に何が見えるか聞くかわりに、瞳孔の変化を調査することによって視覚処理能力をはかったところ、視覚的な刺激が与えられると、瞳孔がわずかに収縮することがわかりました。

盲視については、さらに科学的に検討しなければなりません。研究者の中には、盲視は健常な視覚が低レベルになった状態に過ぎない、とする意見もあります。つまり、網膜を離れた視覚信号は通常の経路を通って脳に移動しますが、その信号が弱いため、健康な視覚レベルには達しない、ということです。この説によると、盲視がある人の脳は、視覚意識をつくり出す能力を失ったのではなく、基本的な視覚情報が処理できないのだということになります。

オックスフォード大学のラリー・ワイスクランツは、この二五年間、盲視に対する科学的関心を高めるのに大きく貢献した心理学者です。ワイスクランツは、盲視は正常な視力が弱まったものではない、としています。

グラハムは片方の視野では見え、もう片方の視野では見えません。しかし、両視野において、かなりの視覚処理能力があることが証明されているのです。いくつかの実験では、正常な視野よりも、見えない視野の方がよい結果が出ています。ただ視覚が悪化しているだけなのであれば、見えないだけである、という結論も可能です。だとすれば、脳の視覚意識が欠如していると議論する必要はなく、視覚意識と視覚処理能力が、脳内の同一の機構によって生み出される、同一のものだということになります。

しかしワイスクランツは、そうではなく、グラハムのような盲視のケースでは、波長のような視覚的刺激を検知することは可能ですが、たとえば、色に色たる意味をもたせる、赤色の「赤」という性質などを解釈して視覚意識とすることができないのだとしています。この説によると、脳がそのような認識をするためには、視覚処理能力以外の何かが必要だといいます。

ワイスクランツは、脳スキャンにより、それが何であるかを突き止めるヒントが得られると考えました。ＭＲＩ（磁気共鳴映像法）は、脳の構造ではなく機能を解析するものです。盲視の被験者をＭＲＩにかけ、正常な視野と見えない視野で視覚作業を実行させ、両方の結果を重ね合わせれば、脳が意識によって視覚を処理する過程（つまり普通の視知覚）と、意識を使わずに行なう視覚処理との違いを見つけることが可能かもしれません。現在、複数の研究施設で実験が行われており、この違いを示唆する結果が出ています。

グラハムの脳の分析結果は、意識にのぼる視覚とのぼらない視覚では脳の活動量に違いがあることを示しています。グラハムが見えない視野で何かに気づいたとき、脳の低部に比べて、大脳皮質の前部が高いレベルの活動を示します。また、上丘と呼ばれる脳の中央部にある部分においても活動が見られます。

グラハムの場合、第一次視覚野という、右側の視野における視覚的刺激要因を受け取る受容体に損傷があるため、視覚情報はこの領域ではない別の経路を通らなければなりません。そして、その経路は上丘にあるのです。情報を伝達するためのこのような副次的な経路は、誰にでもあるのですが、大脳皮質損傷による盲人ほどの活動はない、とワイスクランツは考えています。「脳にとっては、必要のない事象をわざわざ意識するのはむだな作業なのです。我々は何も考えずに行動していると き、無意識に視覚的な差別を行っていることが多いのです」グラハムの見えない方の視野が、速い動きの対象物や急に点滅する光に反応することを考えると、盲視は体に警告を送る防御システムだとも考えられます。

盲視は、認識の手だてとしては大きな限界があります。ケンブリッジ大学の医学研究評議会・認知脳神経科学ユニットのアンソニー・マーセルは、グラハムが大変のどが渇いていたとしても、そこにコップがある、と教えられなければ、盲視を使って水の入ったコップを取ることはできないとしています。また、グラハムは対象物のイメージを保つことができません。「対象物や出来事の感覚を頭の中で再現することはできないのです。それほどよくわかっていないということなのです。家に帰って、具体的な形を思い出すことはできません」

面白いことに、盲視の能力は時とともに向上します。グラハムの場合も、この数年で高くなっており、以前より暗い光や遅い動きでもとらえることができるようになりました。しかし、見えない視野で形や動きや波長を識別できるにもかかわらず、その対象物自体を見ることができないのはなぜか、説明できる科学者はいません。盲視という現象と意識の本質について、まだ解明されなければいけない点が多いことは明らかです。

シャルル・ボネ症候群

シャルル・ボネ症候群は、精神疾患のない視覚障害者が幻視を見るという疾患です。

一七六〇年、シャルル・ボネは、精神的には問題のない、しかし視覚障害のある祖父に起きた幻視について「楽しく不思議で、論理性も備えた幻視」であると記録しています。一九八二年、科学者のJ・ダマス・モラが、意識レベルは明瞭であるのに、好ましい、あるいは中立的な性質の幻視が継続的に頻発し、リアルな幻覚にもかかわらず、本人はそれを非現実的だととらえる、という症状をシャルル・ボネ症候群と定義しました。通常、視疾患のある人に見られ、幻視ははっきりとして細部も明確で、ときに小人の国のようなミニチュアの世界が見えることもあります。シャルル・ボネが生きていたころから、幻視が何例も報告されており、一九世紀には、精神疾患のない人に起きる幻視については、ボネの説明が規範となっていました。臨床の現場では、「シャルル・ボネ・プラス症候群」と呼ばれる症例の方が多く見られています。これは、幻視が他の精神的、または神経的な疾患に関連して起きるものをさします。

グランドラウンズ・アット・フローダルト病院のウェブサイトにおける症例報告では、盲人に幻視が起きる可能性を高めるリスク要因をまとめています。一人暮らしなどの社会的に孤立した生活は、その一例です。この研究において重要な点は、配偶者に先立たれることが、「高齢者の幻視のリスク要因」としてあげられていることです。

配偶者に先立たれた対象者の六九パーセントが亡くなった配偶者の姿を幻視で見ています。そのうち八五・七パーセントが良好な性質の幻視でした。すべて合わせると、対象者四六名のうち七六パーセントが、何らかの幻視を経験したということになると報告しています。そして、五四パーセントは研究でのインタビュー前には、幻視について誰にも話したことがない、と答えています。

このデータは、私のもとに寄せられた体験談にも共通点があります。対象者のうち二一名が、ビジョンがあったのは配偶者の死後である、と報告しています。マイケルの場合は、母親の死の前後に起き、ステファニーは、父親の病気を知った直後に起きています。体験談について、二人とも、からかわれたり、嘘だと思われるのを恐れて、私に話すまでは、誰にも話したことはないそうです。

シャルル・ボネ症候群の患者には、うつ状態がよく見られるとされていますが、ルースもうつ状態であったと自ら報告しています。前述の症例報告では、「視覚症状の評価と治療、およびうつ病を含む精神疾患の診断と治療が重要である。配偶者との死別に関する問題を明らかにするために、死別に関する履歴の評価により、グリーフ・ワーク（悲嘆のプロセス）が必要になることもある。グリーフ・ワークにより幻視がやみ、異論の多い薬剤の使用による副作用の可能性を回避できることが知られている。患者を孤立しにくい環境に移したり、刺激を高めるなど、環境の管理も有効である」と述べられています。ステファニーは確かに父親の死を悲しんでいましたし、そして彼女の経験は同じようなタイプであったことがわかります。

しかし、私が読んだ資料によれば、シャルル・ボネ症候群は「高齢者のみ」に見られる症状のようです。したがって、本章で紹介した対象者三名のうち二名に関してはあてはまらない可能性があります。ステファニーは当時四三歳で、マイケルは二七歳だったからです。

私のもとに寄せられた三五〇通の体験談のうち、五八パーセントは対象者自身、あるいは身近な人が末期的な病気や、命にかかわるような状況にいるときに起きています。これは、第九章の内容にも関連しています。グリーフというテーマは非常に奥深く、残念ながら本書で充分に検討する紙幅はありません。

アントン症候群

アントン症候群は、皮質盲とも呼ばれ、盲目と、盲目の否認に加え、ときに作話症（記憶を喪失したあと、経験を空想やつくり話で置き換えること）が見られる疾患です。患者は全盲であるにもかかわらず、断固としてその事実を認めず、さらに幻視も見られることがあります。

本書の対象者にアントン症候群の患者がいるとは考えられません。アントン症候群の名前を出したところ、いずれの対象者も、そのような診断を受けたことはもちろん、聞いたことさえないと答えているからです。さらに、ステファニーとマイケルの場合、ビジョンは突発的に起きているものであり、私の理解が正しければ、アントン症候群の症状とは異なっています。

見えない人に見えたもの

盲人が見る天使のビジョンは、疑問の余地も大きい一方で、本章で説明したように天使のビジョンを経験したと信じる盲人が少なくないことを示す研究が多数あります。私のバーミンガム大学での研究が、こういったデータの大きな一助となることを願っています。本章で見てきた事実を考えると、盲人のビジョンは、当初の印象ほど不可能で奇跡的な現象ではない、と考えられるのではないでしょうか。

本書の盲人の対象者が何らかの経験をしたというのは明らかです。彼らが盲目になった理由が、眼疾患、あるいは病気、先天性、とそれぞれ異なっているのは、注目するべき点でしょう。そしてさらに興味を引かれるのは、それぞれの経験が大変似通っており、また正常な視力の人の経験とも酷似しているという点でしょう。

ルースは、キリスト教より仏教の教えを信じているにもかかわらず、翼のある天使の姿を見たと話しています。先天性盲人のステファニーが見たのも、典型的な天使の姿です。このような天使のイメージは彼女が耳で聞いたものから来るのかもしれません。しかし、彼女の経験を説明する表現や言葉を聞き、私は彼女が、心の目であれ実際の目であれ、実際に「見た」のだと考えています。一方で、盲人や弱視の対象者から、マイケルのような、力や触覚や香りなどの体験談がもっと寄せられなかったことは、不思議に思っています。

健常な人も、寝入りばなに複雑な「幻視」を経験することがあるでしょう。対象者の多くが天使を見たのは寝室だったと答えています。いずれの対象者も、決して眠ってはいなかったと主張していますが、この事実は注目すべきであり、睡眠麻痺や金縛り、明晰夢についても考える必要があるでしょう。

また、幻覚は病気の症状でもあり、特に睡眠障害によく見られます。その場合、幻覚の内容は印象的であり、おおよそが典型的で、変わった、ときには奇妙な設定で動物や人間が登場します。要因としては、偏頭痛（ただし偏頭痛の場合は対称的な図形や半月形などのパターンなどを見ることが多いようです)、パーキンソン病、分裂症、てんかん、幻覚剤による症状、瞑想による状態などが考えられています。しかし、こういった疾患や状態が私の研究の対象者に必ずしもあてはまるとは思えません。彼らが、まだ診断されていないだけでそういった病気を抱えているのだ、とは考えにくいからです。

盲人の幻視は、珍しいことではない、と私は考えます。一方で、宗教的なビジョンのみを取り上げ、さらに、それには天使が関係すると想定することにより、こういったビジョンと医学的な症状とを区別して考えることができるでしょう。

私は医学者でも哲学者でもありませんので、前述の例の医学的症状について推定したり診断することはできません。しかし、それが天使の体験談と説明できる要素であるかどうかは別として、医学的な事例に目を向けることは、この種の研究において避けて通るべきではないのです。

盲人におけるビジョンに関して結論が出され、それが実証されるのなら、その意義は非常に大きいものになります。盲目の人に天使が見えるのであれば、天使の体験が文化によって左右されるといった議論や、そのような体験をどのように説明するかということも、すべて根本から見直す必要がでてくるでしょう。

第六章　天使のささやき

私は「あの声」のことを話したのです。それは男性の声で、とてもはっきりと聞こえたこと。知っている人の声ではなかったけれど、信頼できると直感したこと。すると母は、私が思いもつかなかったことをいったのです。「守護の天使だったのかもしれないわね」と。

ある朝、スー・モスはベッドに赤ちゃんと寝ていました。ご主人はすでに朝早くから仕事に出かけています。スーは前の晩よく眠れなかったため、朝寝をしていたところ、「赤ちゃんが道に出ていますよ」と繰り返す声で起こされました。声を無視することができないまま寝返りを打つと、横に寝ていたはずの赤ちゃんの姿が見えません。急いで寝室から出てみると、ご主人が玄関のドアの掛け金をかけないまま出かけてしまったのがわかりました。赤ちゃんはベッドから這い出し、よちよち歩きで庭の通り道を車通りの多い道路に向かっていたのです。

大昔から、天使は人間の前に何らかの形で姿を現わしています。「天使」という言葉の語源は、ギリシャ語で「使者」を意味する「アンジェロス」から来ています。古代社会で、天使はまさに神の意志の代弁者とみなされていたのです。

ですから、天使がメッセージや警告を伝えるという概念は、新しいものではありません。聖書全般における天使の主な役目は、神の使者であり、ギリシャ神話やヒンズー教の教典にもそうした記述があります。約二五〇〇年前、預言者のゾロアスターに神の言葉を伝えたのは、ペルシャの天使ウォフ・マナフです。そして、その一〇〇〇年後には大天使ガブリエルがマホメットにコーランを書き取らせたのです。また、聖母マリアに受胎告知をしたのも大天使ガブリエルであり、羊飼いの前に現われてキリストの誕生を知らせたのも天使でした。ユダヤ教の聖典でもキリスト教の聖書でも、天使は人々に安らぎを与え、人間と神の仲立ちをし、地上の人々を守っています。

本章で紹介するのは、天使の姿こそ見えなかったけれど、その声を聞いた、という体験談です。天使は声という形をとって現われ、警告や命を救うメッセージ、勇気を与えてくれるような言葉や、美しい歌声を残しています。

「声」に救われた人たち

一九七〇年、ジュディス・ホワイトは、両親の旅行中に犬の世話をして、給湯ボイラーに石炭を毎晩くべるよう頼まれました。「ボイラーの火は消えやすいものだと注意されました。いったん消えるとお湯が出なくなってしまうので、毎晩石炭を充分に補うのが私の役目でした」とジュディスは書いています。

最初の数日間は何も問題なく、なんとかやっていたのですが、ある朝、お湯が出ないことに気がつきました。見ると、ボイラーの火が消えていたのです。火を再びつけるのはなかなか難しく、面倒くさい作業です。翌朝も同じことが起き、お湯が出ませんでした。おそらく、夜くべる石炭の量が足りないのだろうと考え、今度こそ朝まで火がもちますようにと、その晩は少し多めに入れたのです。

当時の私は、大変寝付きがよく、朝七時に目覚ましが鳴るまで熟睡し、目覚ましが鳴っても起きないことさえありました。でもこのときは、午前三時に目が覚めたのです。確かに、誰かが枕もとに立って身をかがめ、「ジュディス、起きなさい。ボイラーが過熱していますよ」と繰り返し教えてくれていたのです。夢ならば、誰かの姿が見えるものだと思いますが、何も見えませんでした。ですから、夢などではないはずです。

暗闇のなか私は身を起こしましたが、やはり誰の姿も見えません。電気をつけてみましたが、誰もいませんでした。でも、その声はあまりにもしつこかったので、起き上がって、遠くにあるキッチンまで、ボイラーの様子を見に行くことにしました。

キッチンに入ると、ボイラー室の横にあるバスケットに寝ていたはずの犬が、キッチンの真ん中で途方に暮れたような様子をしていました。ボイラーの温度計を確認したところ、ゼロになっています。「また消えてしまったのね。過熱どころじゃないわ」とつぶやきながら、火をつけようとボイラー室のドアを開けると、炎が燃えさかっているではありませんか。なにがなんだかよくわからず、もう一度温度計を見てみると、目盛りはゼロではなく、ひと回りしていたのです。ボイラーはやはり過熱していたのです。どうすればよいのか、まったくわかりませんでした。どうやって火を消せばよいのでしょうか。水をかければおさまるのでしょうか……。

ボイラーが異常な音を立て始めたとき、逃げなければ、と気づきました。パイプが破裂しそうな音を立て始め、これは危ないと感じたのです。犬を抱え、寝間着姿にガウンを羽織り、隣の家に行き、やっとのことで隣人のデイブを起こしました。デイブは家じゅうのお湯の蛇口をすべて開け、ボイラーの中の熱い燃えがらを取り除いてくれました。おかげで午前四時にはすべて落ち着き、デイブは、もう石炭式の給湯ボイラーはやめて灯油式の湯沸し器を使うよう、アドバイスしてくれました。

両親が戻ってきたとき、デイブが来て、どんなに危険な状況だったか話してくれました。あのとき私が目覚めて本当によかった、ボイラーは爆発寸前だったのだから、と。私の眠りが深いことを知っている母は、どういうわけで偶然起きたの、と聞いてきました。私はあの声のことを話しました。それは男性の声で、とてもはっきりと聞こえたこと。知っている人の声ではなかったけれど、信頼できると直感したこと。すると母は、私が思いもつかなかったことをいったのです。「守護の天使だったのかもしれないわね」と。

数週間のうちに、両親はこの旧式のボイラーを取り壊して灯油式の給湯システムに替え、いまでもそれを使っています。天使に遭遇したのはその一度きりでしたが、私はクリスチャンなので、天使の存在を信じています。なんといっても、命が救われたのですから。私は目的があって助けられたのだと思います。というのも、私はいま教会で青少年グループのボランティアをしていて、それが自分の使命なのだと自信をもっていえるからです。

ジョン・パークスも「声」に救われた経験者です。ある週末、ジョンは、海兵隊の駐屯地からオートバイで家に帰ろうとしていました。祖父母の家の近くのあたりだったので、よく知っている道でした。「その日は快晴で、道路も申し分のないコンディションでした。ところが、高い生垣が生い茂って見通しが悪い左カーブにさしかかったときです。カーブを曲がるところで、向こうからやってきた車載トラックの前部に正面衝突してしまったのです」

トラックの運転手は、生垣のせいで私のオートバイが見えず、カーブ内側の私の車線に突っこんできたのでした。オートバイはトラックの下に引きずり込まれ、私の体はトラックのフロントガラスと運転台、そして後部ガラスも突き抜けてしまいました。あとで、この運転手は引っ越しのため、勤務先のトラックを無断で使っていたことがわかりました。私は、運転手とその奥さんのあいだを突き抜け、七歳の娘さんの頭の上を飛んで行ったのです。

後部ガラスを飛び抜けたあと、私は木製の後尾扉にぶちあたり、道の向こう側の溝に投げ出されました。以上は、事故の様子を調査した人からあとで聞いたことです。

事故のあと、どれくらいたってから意識を取り戻したのか、さだかではありません。体の痛みについては、ずっとあとになって救急病棟で気づくまで、何も覚えていません。両腕の数カ所を骨折し、両肘と両膝を脱臼しました。その上、肋骨を五本折り、そのうちの一本が肺につきささっていたのです。

いちばんはっきりと覚えているのは、ものすごいスピードで空中に投げ出されたとき、飛ばされているという感覚も、恐怖感もなかったということです。それらの動きが止まったとき、トラックがカーブで止まり、遠くの方に、自分の体が溝に横たわっているのが見えました。男性が溝に降りて行き、後ろには女性が立っていました。その女性がどんな様子だったか、何を着ていたのか、これまで何度も思い出そうとしてみたのですが、考えようとしても、何も浮かばないのです。ただ思い出せない、というのとは違い、頭がからっぽになってしまうような感覚です。眠れない夜など、わざと彼女のことを思い出そうとすれば、すぐに眠ってしまうことができるほどです。

背後に何かのぬくもりを感じましたが、あえて見ようという気持ちは起きませんでした。それは、とても明るい光に照らされているようなあたたかさでした。すると、女性の声が聞こえてきたのです。あわてた様子もなく、寝返りを打ちなさい、寝返りを打ちなさい、とただ繰り返すのです。次の瞬間、私は溝に横たわる自分の体に戻っていました。そばに男性がいて、私のヘルメットを外しました。このとき、血が見えた、とあとで彼から聞いています。先ほどの女性の声は耳には聞こえてきませんでしたが、頭の中では繰り返し響いていていました。そして、男性の後ろに立っている女性の姿がはっきりと見えたのです。

私は横向きになろうとしましたが、腕をひどく骨折していたので、なかなかうまくいきませんでした。男性は、私をまた仰向けに戻し、ヘルメットを取ろうと一生懸命でしたが、私はどういうわけか負けずに、脇腹を下にした姿勢を保つことができたのです。

後日、もしあのまま仰向けになっていたら、あるいはもう一方の脇腹を下にして寝ていたら、出血していた肺から逆の肺に血が流れ込み、危険な状態になっていただろう、ということを知りました。救急車が来るには七分ほどかかりました。七分という時間は、決して長くはありませんが、命を落とすには充分な時間でもあります。後日、証言をしたときに、例の女性のことを目撃者としてあげたのですが、事故現場にいた唯一の女性は運転手の奥さんで、奥さんはトラックから一歩も外に出なかったことがわかったのです。

心のこもったアドバイス

ポール・ダンウェルは、付き合っていた女性と別れた三カ月後、三回に渡って「訪問」を受けました。

それはすべて夜に、しかも三夜連続して起きました。いずれも、夢ではありません。白い服を着た男性だと思われる姿が私の左側に立ち、こういうのです。「あなたには子供がいる。誰もあなたには教えていないが」と。はっきりと見えなかったので、私はその男性が実際に言葉を口にしたのか、あるいは他の何らかの形で私に伝えたのか、わかりません。いずれにせよ、私には聞こえたのです。

ふつうの夢と異なり、あまりにも鮮烈だったため、私は動揺し友人に相談しました。友人は、ただの空想だろう、と相手にしてくれませんでした。三度目の訪問のあと、別れた女性に電話したところ、妊娠などしていないとはねつけられました。

けっきょく、娘が生まれて三週間後、彼女から電話がかかってきたのです。生まれたら養子に出そうと思っていたそうなのですが、私の電話のことを思い出して、思いとどまったのだそうです。そして、私が電話をしたときは彼女自身もまだ妊娠に気づいていなかったというのです。

あれは、天使だったのでしょうか。私にはわかりませんが、このような経験はこれが最初で最後です。お告げを聞いて行動したあと、男性は現われなくなったからです。

フランク・マイトは二回に渡り、ささやきかける声を聞いています。「一度目は、友人とパリに行こうとしたときのことです。電話ボックスでいろいろな手配をしていると、誰かが耳に『行ってはいけない』とささやいたような気がして、行くのをやめたことがあります。また、母が自殺したときに、聖餐式に行きなさいと何ものかが私にいったのです。私はその通りにしました」

サム・ペイントンが、運転中「ちょっとスピードを出しすぎてしまった」ときのことです。「速すぎますよ」という声が聞こえ、アクセルから足を離されたのを感じたそうです。

W・レイモンド・ショーは、次のように書いています。「九歳のころ、何かの病気に冒《おか》されたときのことです。おそらく髄膜炎になりかけていたのだと思われます」

私は暗くなった寝室で静かに寝ていました。すると父がそばにやってきて、祈るように「息子よ、死なないでくれ」といったのです。私はすぐに「僕は死なないよ。だって女の人がそういったもの」と答えました。

その「女の人」というのは、ベッドの足もとに立っていたのです。いま思えば、まだ少女だったのかもしれません。一六歳ぐらいで、面長で色白、おごそかな顔をして、亜麻色の長い髪をしていました。

服の色は白ではなく、首のところまでボタンのある、青か緑の厚手の生地を使った服で、翼の先端が少し見えました。

歌う天使を地上に

ロッド・トレセーダーは、イスラム神秘主義者であると同時に、敬虔なクリスチャンでもあります。ある夜、寝床に入ったときのことです。「私以外には何も存在しない真っ暗闇にいることに気づきました」

突然、何もない虚空から、崇高な音楽と歌声が聞こえたのです。それは、えもいわれぬほど神聖な音楽でした。

何をいっているのか理解しようと努力して、やっと聞き取ることができました。その歌声は、五つの言葉をずっと繰り返していたのです。それは、神と人間との真の関係、そして神との関係における人間の存在目的を謳《うた》ったものでした。

後年、その言葉はイスラム神秘主義の中核であることがわかりました。特にイスラム神秘主義の指導者であるイブン・アラビーが説いた言葉なのです。天使の歌声が神の啓示を伝えてくれたのだ、と信じています。

メアリー・スペインも「天使の歌声を聞く幸せに恵まれた」といい、ジェーン・モンフォートはクリスマス聖歌の「きよしこの夜」を真夜中に右の耳で聞いたといいます。「起きたときは、うちか隣の家のテレビかと思いました。ベッドに戻って耳をふさいだほどです。しかし、落ち着いて素直に聞いてみると、それは美しい歌声ではありませんか。これは、去年の六月の話で、クリスマスのときではありません」

ジャッキー・グリーディーは、ひどく落ち込んでいるとき、フランスのロカマドゥールにある、黒マリア像の礼拝堂で天使を見たと書いています。「そして、数年後、最悪の事態のときに、早朝や寝る前によく電話が鳴ったのですが、それが天使からの知らせだということにやっと気づいたのです。天使は私たちを訪れてくれるのです」

第二次世界大戦時、ジョイス・トロットが、ハートフォードシアのウィッドフォード・アンド・ハンスドン近くで兵役についていたときのことです。「飛行場をつくるために、教会を壊さなければいけなかったのです」

ご存じのように、通常、教会は壊したりしてはならない聖域です。ある夜、仲間と自転車で宿舎に帰る途中のことです。教会の跡地の近くを通ったとき、オルガンの音楽が流れ、白い衣を着た天使が立っているのを見たのです。私たちは全速力でその場を離れました。実は、ハンスドン飛行場の近くに駐屯する軍の他の仲間からも、同じような経験をしたと、それ以前から聞いていたのです。

「大丈夫。がんばりなさい」

一年ほど前、ハリー・ラブロックが「ものすごくつらい出来事を経験し、ほとほと参っていた」ときのことです。

絶望のどん底にいるような気分でベッドに寝そべっていると、やにわに、か細いながらも、はっきりと澄み切った声が聞こえたのです。まるで一〇〇人編成のオーケストラのクライマックスの最中に聞こえる、トライアングルの音色のように……。それはただ、「がんばりなさい」というメッセージでした。私は安心して眠り、次の日は、一歩前に進むことができました。

また、同じような経験をした人から、このような手紙も来ています。「ある朝、目が覚めたままベッドに寝ていたときです。私は、孤立していて情緒不安定ぎみでした。そのとき、美しい、この世のものとは思えない声が『あなたを愛している』というのをはっきりと聞いたのです。おかげで、心から安らぐことができたのです」

アイリーン・ブレブナーは、次のように書いています。「三七年前に息子が生まれる前、スーツに白いシャツを着て、ネクタイを締めた男性が寝室に現われました。その男性は私の守護天使だといい、私を見守っていて、すべてうまくいくから心配するなというのです。恐怖感は感じず、ただ安らかな気持ちを覚えただけです。出産にはいろいろ問題がありましたが、結局はすべてうまくおさまり、その三年後には無事に娘も生まれたのです」

子供のとき、アン・ホルムズは次のような経験をしました。「昼間だったのですが、私は家で寝ていました。母は買い物に出かけ、私は何か子供がかかる病気で休んでいたのです（何だったのかは忘れてしまいましたが）。一人で留守番をしていることが不安だったのを覚えています。開いていた部屋のドアのほうに目をやると、そこがまばゆい光で照らされていました。そして、変ないいかたかもしれませんが、私自身から出ているように感じる声が、『大丈夫。私がそばにいるから』というのです。幼い私は、それが妖精だと思いました。そのときはまだ天使について聞いたことはなかったのですが、いま考えてみると、あれはきっと天使だったのだと思います」

一九九五年、フェリシティ・ジェーン・ダイソンはこう考えていました。「とても落ち込んで、ひがんでいました。神様は私の価値や長所をちっとも認めてくださらないのに、大した行ないをしていない友人たちには恵みを施していらっしゃると感じていたのです」

私は、ひどくブルーな気分で、犬を連れて森を散歩していました。と、不意に、何ものかが私の横にいるのを感じました（姿は見えませんでしたが）。そして、私の心に直接話しかける声を聞いたのです。「でも、あなたは神を信じているでしょう？」と。つまり、神を信仰すること自体が幸福なのであり、友人たちはその目に見えない恵みを受けていないではないか、ということなのです。

私は、救われた気持ちになり、喜びを感じました。本当に素晴しい気分で、言葉では表しようがないほどでした。後で、これはすべて想像のなせるわざだったのか、と考えてみたこともありますが、そうではないと思います。このとき感じた、はかり知れないほどの安堵感を説明できるすべは、ほかには考えられないのですから。

トレーシー・アン・オメラが、オーストラリアからイギリスに引っ越してきたときのことです。「とても不安で、孤独な、精神的にすごくつらかったこの時期、夜中にかすかに鳴るベルの音で起こされました。はっきりと目覚めると、ベルの音は止《や》んでしまいます。また、ベッドの中で何かに後ろから抱きしめられているのを感じたこともあります。でも、目が覚めるとやはりその感覚は消えてしまうのです。また、ある夜、白い光の玉が窓べに浮かんでいるのを見ました。『これにすがりなさい』と力強い声が私に教えてくれました。それは、何らかの神の力か、私の中の内なる神の声だと思います」

マイケルは、宗教について考え直すために家を出ました。彼は、「エホバの証人」の信者として育ったのですが、英国教会派に改宗を考えたのです。それを知ったマイケルの母親は大変怒り、彼が家を出た夜は、なかなか寝付けませんでした。すると真夜中に、白い影がベッドの足もとの方に現われ、「心配ない。マイケルは大丈夫だ」と彼女にいい、消えてしまったのです。

ウィニフレッド・ライトは、ある日、「黄金のトランペット」のような声を聞きました。ウィニフレッドのご主人は半年前にウィニフレッドと三人の幼い子供を残して亡くなりました。ある夜、寝ている最中に、彼女は「いまは休むときではありません。起きなさい」という美しい声を聞きました。体を起こしてまわりを見渡しましたが、誰の姿も見えませんでした。翌日にはまた幼い子供の世話と仕事があるので真夜中にわざわざ起きて祈ってなどいられないと、起き上がることまではしませんでした。

そのときのことを後悔し、八〇歳をすぎてからも、その声に従わなかったことの許しを請わねば、と感じていたウィニフレッドは、最近、またその声を聞いたのです。それは、「病んでいる今ではなく、仕事をしていたあのときのことなのだ」というメッセージでした。この経験から、彼女は感謝の気持ちを覚えたのです。

本章の最後は、天使ではありませんが、やはり不思議な声を聞いたというエピソードを紹介します。「家族みんなに愛されたラブラドール犬のボッジャーは、一九八二年に死んでしまいました」と、ドリーン・ロイドは書いています。

主人が仕事で航海に出かけたので、家に防犯アラームをつけました。ある夜、午前二時

半ごろ、裏口を開けようとする音で目が覚めたのです。アラームの非常ボタンを押そうか、警察に連絡しようか、それともトイレに閉じこもってから助けを呼ぼうか……。そのとき、私が決めるより先に、死んだはずのボッジャーの吠える声がとどろいたのです。

ベッドの上にはうちの猫が二匹いたのですが、二匹とも目を覚まして耳をそばだてました。家は通りの端にあり、まわりには芝生があるのですが、しばらくすると、車が立ち去る音が聞こえました。

主人も、航海から帰る途中、ボッジャーの声を聞いたといいます。私たちのエンジェルハート（と今ではボッジャーのことをそう呼んでいます）は、泥棒からわが家を守ってくれたのです。

第七章　天国の香り

するとと暗闇のなか、部屋じゅうがなんともいえない甘い花の香りでいっぱいになったのです。ヒアシンスや、ユリや、オレンジの花にも似ていましたが、もっとかぐわしい香りでした。あのような香りをかいだのは、このときが最初で最後です。

第一章で触れたように、かぐわしい香りを天使の働きだとする体験談は少なくありません。たとえば、天使と遭遇したとき——特に天使の姿を見たとき——とつぜん香りが漂うという体験談は、本書でも重ねて見られています。本章では、天使の姿は見えなかったけれど、香りが感じられた例のみを紹介していきます。まず、ポプリやバラ、あるいはラベンダーのような香りがしたという体験談をいくつか見ていきます。

香りを感じるという現象は、幽霊やその他のビジョンでよく報告されています。このような例は、必ずしも科学的に信頼できる筋によるものではありませんが、ずいぶん昔から記録されています。しかし、断定はできませんが、本書の体験談は、たとえばアビラの聖テレサのような、多くの文献に記されているエピソードとは、あまり似通った点が見られません。アビラの聖テレサが一五八二年一〇月四日に亡くなったとき、「キリストと天使がその死を見守った」という修道女もいれば、「脱魂の状態で死を遂げた」という証言もあります。そして死の直後、説明のつかない甘い香りが修道院に立ちこめ、鼻炎もちの修道女以外はみなその香りを感じたということです。ビンゲンの聖ヒルデガルトとノリッジの聖ジュリアナも他の神秘体験とともに、同じような体験を記しています。

聴覚的・視覚的な経験と同じように、このような香りが心で感じられているのか、あるいは実際に体で感じられているのか、考えなければなりません。医学や精神医学では、嗅覚的幻覚、つまり、脳がつくりだした経験だという説明がされるでしょう。ある特定の香りがするという症状は、てんかんや分裂症でも見られますが、その場合は、いやな鋭いにおいが繰り返されます。それに対して、天使の遭遇談では、一回限りの、かぐわしい香りが経験されています。

ラベンダーの謎

何年か前、ピーター・ハウエルは、いまだに説明のつかない体験をしています。

友人とリザード近くに滞在していたときのことです。私たちは車で移動中だったのですが、交差点にさしかかったとき、道に何か落ちていることに気づいたのです。どけようと車を止めてみたところ、他の車から落ちたと思われる排気パイプの一部のようでした。落とし主が見つけられるように、道端の芝生の上に置き、ふたたび車を出発させました。すると、いきなり車中がラベンダーの香りでいっぱいになったのです。それは、数分間ほど続き、そして消えていきました。同乗していた友人たちは、当然のことのようにとらえていたようですが、私はいまだにどう解釈してよいかわからないのです。

ミュリエル・ダッフィーも、クリスマス休暇でホテルに滞在していたとき、ラベンダーの香りを経験しています。

一二月二六日、ダイニングルームで朝食をおえたとき、隣の席で他の宿泊客が話しているのが聞こえました。このホテルでラベンダーの強い香りがすることがあると、ホテルの代々のオーナーから聞いている、というような話です。そして、午後一時ちょっと前、私が客室に戻ったときのことです。

その部屋はいちばん上の三階、建物のいちばん端にありました。防火扉で階段から遮断されたせまい廊下に部屋が三つならんでいました。ひとつには一七歳ぐらいの若者が泊まっており、もうひとつは空いていました。その廊下でラベンダー以外の何ものでもないとても強い香りがしたのです。はじめは、バスルームの掃除に使った薬品か何かだと思いました。掃除用の洗剤はきついにおいのものが多いですから。そして、自分の部屋に入りましたが、中は何もにおいませんでした(ちなみにバスルームの洗剤はマツの香りでした)。

数分後、主人が戻ってきたころ、ようやく私は先ほど耳にした会話を思い出し、「廊下でラベンダーのにおいがしたでしょう?」と主人に聞いたところ、「いいや。ラベンダーではない、かすかな甘いにおいがしたけれど」という答えが返ってきました。

まだ数分しかたっていないにもかかわらず、まるで香水をカーペットにこぼしたようなあの強い香りが、ほとんど完全に消えてしまったのです。廊下は通気もまったくなかったのに、おかしな話です。何かの気配がする、というような恐ろしさは感じませんでした。何ものかがいたのだとしても、親しげな存在だったのだと思います。


思いがけないときに花のような香りを感じ、それを天使だととらえた体験談はまだ続きます。ローン・トループは、「天使を見たことはありませんが、天使に助けられ、守られたことはあります。仕事や旅行の最中に、天使のあたたかい存在が近くにいるのがわかるのです。母と私はよく甘美な香りを感じることがあります」と書いています。

また、次のデビッド・ロマックスの体験談のように、ややもすると見逃してしまいそうなエピソードもあります。


ある夜、近くの地下鉄の駅から家に帰ろうとしたときです。外は明るかったのですが、春はまだ先のことでしたので、強い花の香りがするのに驚きました。なんだろうと見渡しても、花はまったく見あたりませんでしたが、女性が二人すぐ後ろにいたので、どちらかが香水をつけすぎているのだろう、と考えました。しかし、坂を下りて、二人が違う方向に曲がっていった後も、まだその香りがしたのです。家までの一五分の道のりのあいだ、ずっとその香りがただよっていました。

不思議に思いましたが、どう考えたらよいかわかりませんでした。後になって、天使に関する本をいろいろ読んでいたとき、ある一冊に、天使は香りとして現われることもある、と書いてありました。よく考えたのち、はじめて、あの時のことを天使と結びつけるに至ったのです。実はその数カ月前、同じような不思議な経験があったのです。

「エンジェルカード」というのをご存じですか。カリグラフィーで書かれた「愛」「平和」「自由」「創造性」などという言葉と、きれいなカラーのイラストが描かれた長方形の小さなカードです。ある日、家の近くの歩道の上に、そのカードを一枚見つけ、とても不思議に思ったのです。このあたりは郊外ですから、誰かのポケットから落ちるにしては不自然な場所です。いったい誰が使ったのだろう、と考えました（ふつうは瞑想や占いの道具として使われるものだからです）。

地元の新聞屋の窓口に落とし物の広告を出しましたが、落とし主は見つかりません。手紙を書いている今も、そのカードは目の前の、机の上にあります。先ほどの香りも天使からの知らせだったと考えると、そういえば、あの香りが消えたのはカードを見つけたあたりだった、ということを思い出しました。
以上の話は、ほとんどの人には、取るに足らぬ偶然としか思えないかもしれませんが、私には、何かの啓示を受けたあかしに思えてならないのです。

同じように思いがけない不思議な経験をした人は他にもいます。だいたいは家で起き、香りの源が何かわからない場合が多いようです。ミュリエル・ダッフィーは、「いまの家には三〇年住んでいますが、ときどき、特にダイニングルームに入ると、かなり強烈なパイプタバコのにおいがするのです。私も主人もむかしタバコを吸っていたので、パイプの香りをはっきりと感じたのは不思議でした（喫煙は嗅覚を鈍らせますので）。ほかにこのにおいを感じた人は、だれもいません。最後にダイニングルームに入り、そのパイプの香りがしたとき、私は『ああ、またいらっしゃったのですね。こんにちは』といいました。それ以来、そのにおいはまったくしなくなったのです」

死の国からの知らせ

第九章でも触れますが、香りにまつわる体験談の大多数は、死に関連して起きています。身近な人が亡くなる数週間前に香りが感じられるときもあります。たとえば、セシリア・ブレイキーは、ご主人が亡くなる少し前に起きた出来事をこう綴っています。「私は素敵な香りで目覚め、それは数分間続きました。次の晩もその香りがしたのです。何だかわかりませんでしたが、ずっと続けばいいな、と思いました」

また、臨終の瞬間に起きたケースも少なくありません。こういった現象は、よく知られており、目撃者も多く記録もされています。一方で、実際に友人や家族の死に目に居合わせなかったにもかかわらず、ちょうど亡くなった時刻に香りを感じた、という体験談も同じぐらいの数を受け取っています。

「母親が亡くなったときに花の香りがした」など、誰かの死の瞬間に部屋が花の香りでいっぱいになったという体験談はあとをつきません。ある女性は、「母が死を迎えたとき、まわりには花などまったくなかったのに、ユリの強い香りがしたのです」と書いています。第五章でも見られたように、マイケル・オルデンは、病床の母のそばについていたとき、強い香りを経験し、不吉な予感を感じました。そして母親は、急に息を引き取ってしまったのです。

次に紹介するジェニー・ジャクソンの夫は、末期患者として入院していて、意思の疎通もままならない状態でした。

点滴に囲まれたベッドのそばに座り、お別れをいおうとしたとき、花の香りがしたのです。それまで人の死に目にあったことはなかったので、人が亡くなるときはこういう香りがするのか看護師さんに聞きました。看護師さんは、いや、そんなことはないけれど、確

かに今は花の香りがしますね、と答えたのです。看護師さんの香水か、とも考えたのですが、それとは違う香りでした。

二人で窓の外を見てみましたが、ただコンクリートの上に酸素シリンダーが並んでいただけで、何もありません。とにかく、二人とも感じたのですから、私だけの想像ではないのです。

このときは何の香りだかわからなかったのですが、一九九〇年一〇月に、西オーストラリアの小さな村に主人の家族に会いに行ったとき、同じ香りに出会いました。それは、スイカズラで、主人がいちばん好きな香りの花だったのです。あれは、主人のお別れの挨拶だったのだと、私は信じています。

リタ・キングは、病院で父親が、そして家で母親が亡くなったとき、強烈な花の香りがしたと書いています。また、ラビニア・ブラッドリーは、次のように綴っています。「主人を看取ったのですが、葬儀屋さんが遺体を引き取りに来たとき、耐えられずに庭に出て、出棺するまで家に入りませんでした。空っぽの部屋に入ると、まるで包みこむような甘い花の香りに圧倒されました。一瞬、これは主人からの最後の挨拶だと思ったのですが、ばかげたことだと考え直し、おそらく葬儀屋さんが消臭剤かなにかを使ったのだろう、と考えました。葬儀屋さんがそういうことをするものなのかどうか、今日まで確かめたことはありません。あれは主人からのプレゼントだったと思いたい気持ちがあるのです。
キャロル・トーマスも、母親が自分を訪ねていた最中に突然亡くなった後、これによく似た経験をしています。

救急医療士と医師、そして葬儀屋さんがひととおりの段取りを終えた後のことです。来客用のベッドに寝かされていた母に、父と一緒に最後のお別れをいおうとしたところ、濃厚な花の香りに驚きました。それは、自然なにおいではなく、それまで一度もかいだことのないような香りでした。遺体を処理するときのにおいでは、と思いました。母のなきがらを移動した後も、父が二晩そこに寝たのですが、同じ香りが部屋にたちこめていました。私以外に気づいた人はいなかったようですが。

そして、父を家に送る日になりました。父の家に着き、二階の来客用のベッドの上にあるケースの中にあるものを取りに行きました。ドアを開け、鼻をうつような花のような香りがした瞬間、私はごく自然に『あら、お母さん！』と挨拶していたのです（この香りは、父の家の居間の、母がよく好んで座っていた場所でもただよいました）」

一九四七年、エリック・ダイソンの母親が死を迎えたとき、リビングにいたエリックと父と兄は、芳烈な甘い花の香りを感じました。それは、ほんの短いあいだのことでしたが、とてもはっきりとしたにおいだったそうです。そのとき、母親はかなり重い病状で入院していました。「母はいつも、家にはウォールフラワー（チェイランサス）を飾りたくない、というこだわりをもっていました。それは、母の母親が亡くなったとき、その香りを感じたからなのです。これは本当のことだと断言できますが、天使の訪問だという以外に説明はできません」

パトリシア・ファウンテンは次のように書いています。

母の世話をしてくれていた母の隣人が、病に伏せった後、急に亡くなってしまいました。母はこの隣人に頼りきっていました。私は自宅にいたのですが、朝起きたところ、寝室が花かポプリとしかいいようのない香りでいっぱいになっていたのです。寝室には、香りのもととなるようなものは何もありません。主人にアフターシェーブを変えたか聞いてみたほどです。そのときはそれ以上考えなかったのですが、夜になってから母の隣人の息子さんから電話があり、お母さんが亡くなられたことを母に知らせるよういわれたのです。

ハリー・ラブロックは、友人が癌《がん》で死の床にあったとき、同じような経験をしています。

私はレスターシアに住む娘のところにいました。外は寒い季節で寝室には花や香水などもありませんでした。午前三時二〇分に、何か強い、陶然とするような香りで目が覚めたのです。起き上がり、ベッド脇の電気をつけ室内を見渡しました。そして、ただの想像ではないことを確かめるために、深く息を吸い込んだのです。そのあと、なぜだかはわかりませんが、安らいだ気持ちになったのです。朝食の後ロンドンの自宅に戻り、留守番電話を聞いたところ、友人のご主人からメッセージが入っていました。私の友人が午前三時二五分にホスピスで亡くなったという知らせだったのです。

アーンスト医師の妻は一九九八年一〇月一六日に肺癌でなくなりました。彼は次のように書いています。

私たちの三三年の結婚生活は素晴しく、愛と笑いと完璧な幸せに満ちたものでした。最後の数カ月間、二人の人間がこれ以上の絆《きずな》を持つことは不可能だろうというくらい、私たちは結びつきを深めました。それまでの人生について話し合っただけでなく、もっとも大切なのは、きちんとお別れをいえたということです。お互いに、相手が「さようなら」をいう許しを与え合いました。私たちは英国教会の信者でした。超能力者ではありませんが、二人ともお互いが何を考えているか、わかることが多かったのです。それは、私たちが何でもよく話し合う夫婦だったからでしょう。

一〇月一六日の夜、私は一〇時ごろ床につき、深い眠りにつきました。午前三時ごろ目が覚めると、部屋がバラの香りでいっぱいだったのです。妻がいるかどうか呼んだのですが、何も聞こえず、見えもしませんでした。私ははっきりと目が覚めていたので、その素晴しい香りがどこからただよってくるのか、探してまわったのですが、家にも庭にもそれらしきものは何もありませんでした。その香りは、二〇分ほど続きました。

身近な人が亡くなった後、特定の香りを何度も感じたという経験も、多く寄せられています。アーチャー夫人は、「かぐわしい香りに包まれるという素晴らしい体験をしました。うっとりするような、本物の花束のようなにおいでした。それが、母の命日に四回も起きたのです」と書いています。マギー・ブルックは、次のように手紙を始めています。「一二歳のときに、不思議なことが起きました」

母が腎臓病で亡くなり、父（信心深いクリスチャンでした）は、自宅の居間で、葬儀をとり行なうことにしました。母はカトリック教徒の家庭に育ったのですが、一度も教会に足を踏み入れたことがなかったのです。

母のなきがらを寝かせた棺《ひつぎ》は部屋に二〜三日ほど置かれていたのですが、その後、強烈な春の花の香りが部屋をいっぱいにしたのです。その香りをかごうと、部屋にわざわざ行ったものです。後年、やっとそれは不思議な現象だったということに気づきました。たとえば、ヒアシンスの鉢を部屋から動かしたら、その香りは一日と持たないはずです。一年も香りがしみついていたのは、いったいどういうわけだったのでしょうか。

ワインプレス氏は、次のように書いています。「妻が午前五時に亡くなったとき、私はベッドで横になっていました。すると、いきなり強い花の香りが部屋を満たしました。家のどこにも花などなかったのに。そして同じことがもう二晩つづけて起きたのです」そして、また別のときの話です。「母が亡くなってから三カ月間ほど、同じ香りが家のあちこちで、違った時間に漂ったのです。家以外の場所ではまったく感じませんでした」

マーガレットの兄が亡くなったときのことです。彼女は「そのすぐ後、家じゅうに素晴しい香りが立ちこめたのです。これは、手伝いに来てくれた友人も確認したことです。ナチュラルとしか表現できない香りです。はっきりしていながら、とてもデリケートな香りだったので、兄が亡くなった深い悲しみにもかかわらず、とても穏やかな気持ちになりました」

ロザリー・ダブルは次のように綴っています。「一九五二年に母が亡くなったとき、むせるような花の香りがしたのです。ひとつひとつの花のにおいをはっきりかぎ分けることができました。家族の者はみな、何の香りもしなかったといっていますが、私が、これは母からのメッセージかもしれないと考えたとたん、まるでドアが閉まるように、そのたとえようもないほどの芳香はやんでしまったのです。まるで、メッセージが伝わったようだから、もうよいだろう、とでもいうように」

オセニ・ラワールは、一八歳のとき幼なじみを亡くしました。イスラム教徒のオセニは、次のように話しています。「友人が天国に行けるよう、一生懸命祈りました。一人で、何もない庭で祈っていたのです。数分後、まわりに甘い花の香りがしたのですが、どこからただよってきたのか、わかりませんでした。私は、友人の魂が降りてきて『何も心配はない』といってくれたのだと思いました。『きみの祈りはこたえられ、僕はいま天国で平和に過ごしている』とでもいっているのかと。それとも、天使が、私の祈りが聞き届けられたことを教えてくれたのかもしれません」

フレミング夫人の経験は、一九六九年三月に母親が急死した後に起きました。「ウェールズからニューフォレストへ、父を慰めるために急きょ出かけた夜のことです。その夜はきっと眠れないだろうと思いながら、ベッドに入りました。すると暗闇のなか、部屋じゅうがなんともいえない甘い花の香りでいっぱいになったのです。ヒアシンスや、ユリや、オレンジの花にも似ていましたが、もっとかぐわしい香りでした。あのような香りをかいだのは、このときが最初で最後です。その香りで心が安らいだおかげで、夢も見ないでぐっすり眠り、翌朝はさわやかに目覚め、つらい一日にあらためて立ち向かうことができたのです」

マーガレット・ケンプ・ルイスは母親を病院で亡くした後、一人で運転して家路につきました。「急に、車が甘やかな花の香りで満たされ、なぜそう思ったのかは自分でもわからないのですが、母の死と関係があることを悟ったのです。絶対に忘れられない出来事ですし、このような経験ができて幸せだったと思っています」

シャーマン夫人は娘さんと共に経験した出来事について書いています。「娘は女の子を産んだのですが、死産だったのです。そのあと、私たちは二人とも、それぞれの家で、強いバラの香りを感じました。たいへん不思議に思ったので、香りのもとはどこだろうと部屋じゅうを探しましたが、何もありませんでした。一度きりの体験でしたが、二人とも絶対に忘れることはないでしょう」

クーパー夫人も、数年前に大事な親友を亡くした後、寝室に入ると、「強い花の香り」がしたといいます。そして今度は、「主人が亡くなった数週間後、私が帰宅するとアパートの玄関がまたあのときの素晴しい香りで満たされていました。その時の香りは、前回にくらべ、かすかなものでしたが。本当に不思議です」

マーシュ夫人が親しくしていた高齢の女性は、自転車に乗っていた息子さんをトラックにはねられ亡くしています。「息子さんが亡くなった後、真夜中に、かぐわしい花の香りが寝室いっぱいに広がり、穏やかな気持ちになることができたそうです。これは、花を使って伝えられた何かのメッセージだと考えているそうです」

アーチャー夫人は、次のように書いています。「三度、タバコとシナモンの強い香りがしました。それはぜったいに私の父だと思うのですが、夫はまったく気づきませんでした」

第八章　天に召されるその日まで

ふと、涙でぼやけた視界に、ベッドの向こう側にいる天使の姿がうつりました。はじめは、おそらく疲労と心配が重なったせいだろうと考えました。ところが数分後、息子を見やると、同じ場所を見つめているのです。息子は、ベッドの後ろに天使が見えるか、私に聞きました。

本章で紹介するエピソードは、いずれも体験者本人や親しい人が重い病気のときに起き、体験者が力と支えを得たという共通点があります。それでは、まず、死期が近い人にまつわる経験について触れてから、病院のスタッフや患者、あるいは見舞いの人が体験したエピソードについて見ていきましょう。

デビッド・ジェイコブスは、重度の心臓疾患と腎不全による尿毒症で、まさに死を待っているような状態でした。

五四歳になっても、私は画家として生計を立てるのに必死でした。まだ年端《としは》もいかない子供が三人いるうえ、充分な貯金もなかったため、毎週日曜日にベイズウォーター・ロードで開かれる青空アート市に出展し、絵を売っていました。そんなある夜のことです。一〇時に床につき、四時間ほど熟睡した後、午前二時ごろ、部屋にまばゆい光と何ものかの気配を感じ目を覚ましました。

見ると、足もとの方に天使が座っていたのです。目の前に広げられた翼の下には、亡くなった家族や親戚がたくさんいて、声も聞こえました。古い映画館のような建物の入り口のところから私を呼んでいるのです。

天使の性別はわかりませんでしたが、かつて見たことのないような美しさでした。背丈は私の倍ほどもあり、脈打つような愛と黄金の光を部屋いっぱいに放っていました。天使は何も言いませんでしたが、私が亡くなった母と兄デレックの方に近付こうとすると、私を翼でおさえました。その瞬間、私はまだ生きられるのだ、と確信しました。そして数秒後、天使は光を失ったかと思うと、消えたのです。

その後、私は心臓移植を受け、相変わらず絵を描いては売っています。一生働き続け、ささやかでも人助けをすることで、自分があのとき生かされた理由を見出せれば、と考えています。

メアリーは、七〇年以上前のエピソードを寄せてくれました。これは、メアリーが母親から聞いた話ですが、彼女自身が今でも覚えている部分もあるのです。メアリーは三歳のとき、両肺に肺炎をわずらって危篤状態に陥り、持ち直す可能性は低いだろう、と医者にいわれました。母親は悲しみに暮れて、なきがらに着せるための白いドレスを隣の部屋で準備していたところ、妖精が部屋の隅にいる、と叫ぶメアリーの声が聞こえ、手を止めたのです。

メアリーはいまだに、その白い妖精を見たときの何ともいえないような幸せな気持ちや、「それまで聞いたこともないような美しい音楽」を覚えています。「どんな様子だったか細かいところまでは記憶にないけれど、赤い腰ひも（そのときは家のカーテンの止めひものようだと思ったそうです）と長い衣は覚えている」といいます。この瞬間から、メアリーは回復のきざしを見せ、数週間ぶりにぐっすりと眠りました。翌朝訪れた医者は、メアリーがまだ生きているだけでなく、ほぼ完全に回復していることに驚いたのです。

一九九四年八月、エフィー・デベニッシュは不整脈で一週間入院しました。退院後も、まだ本調子ではなかったので、グルームブリッジにあるキリスト教系のゲストハウスにしばらく滞在することにしました。

ある日、部屋の洗面所の鏡をふと見ると、左肩の後ろにはっきりと白い影が見えました。天使だったのでは、と気づいたのは後になってからのことです。このときは、鏡から一度

目をそらし、また見ると、消えていました。光のいたずらかと思いましたが、滞在期間中、再び目にすることはありませんでした。私は心臓のことで気が滅入っており、不安でいっぱいだったのですが、この白い影を見た後は、気分が一転しました。もちろんまだ疲れてはいましたが、リラックスし、不安は消えたのです。この天使は私を安心させ、恐れから守るために遣わされたのだと信じています。

ジーン・アーノルドは、彼女の体験を次のように書いています。

私の体験は、私が今まで読んだことのある話とは少し異なっています。私は多発性硬化症で、車椅子の生活をしています。リラクゼーションのために、ヒーラーの女性（彼女は「霊能治療者」と呼ばれるのを嫌っていました）のところに通っていた、一年ほど前のある日、私は「解き放ち」と彼女が呼ぶ深いリラックス状態に心身をもっていきました。すると、いきなり、背が高く、茶色の髪をして毛（ひげではありませんでした）で顔が覆われた男性が私の前に立っていたのです。腰の周りにはベルトかひものようなものを巻き付け、サンダルを履いていました。するとまた、突然その男性は消え、そこにはヒーラーの女性がいたのです。

「たったいま、そこに男の人が立ってたのよ」というと、彼女は「それは守護天使ですよ」

と答え、とても喜んでくれました。これ以降、二度とこのような経験はしていませんし、同じような出来事を以前に経験したこともありません。いまでもあの姿をありありと思い出すことができます。

ヘレン・マーフィーのご主人が大手術をした後のことです。

医師の判断によっては、また手術になるということはわかっていました。私はすでに主人が末期患者であることを受け入れていました。時間がどれぐらい残されているのかは、わかりませんでしたが。

そんなとき、二番目の手術の前に天使に会ったのです。そのときは起きていたつもりだったのですが、朝になってみて、夢だったのかもしれないとも考えました。だからといって、この経験が無意味だとは考えていません。主人の横に寝ていたところ、足もとの方に影が二つ現われたのです。主人が寝ていた左側に男性が、私の側、つまり右側には女性が立っていました。どちらも同じような格好をしており、白い半袖のジャケット（丸首で肩と脇にボタンがありました）を着て、濃い色のズボンをはいていました。全体的に、医療スタッフのような雰囲気で、翼や頭光などはまったくありませんでした。

はじめは、腕をわきにおろし、静かに立っていましたが、それぞれがゆっくりとベッドの両側に歩いてきて、男性が主人の真横に、女性が私の真横に止まり、向き合いました。一言も発せず、ただそこに数分もいたかと思うと、消えてしまいました。恐ろしさは感じさせませんでしたが、大変おごそかな面持ちでした。二人は守護天使で、これからの大変な時期に支えてくれようとしているのだと、私にはわかりました。主人は亡くなってしまうのだろうと、私は翌朝、確信したのです。

そして、やはり二番目の手術はうまくいかず、ご主人は数週間後に亡くなりました。

ノーマ・ギャラガーの母親は生前、ある朝ベッドでお茶を飲んでいるときに天使を見ました。天使は部屋の入り口に立ち、彼女を見つめていました。「光り輝く翼を持ち、まばゆいばかりに美しかった」といいます。そのすぐ後、ノーマの母は白血病だと診断されました。天使が来たのは、この病気を受け入れる勇気を与えるためだ、と母親は信じていました。母親は一九八五年に亡くなりましたが、この天使と、天使が来てくれたことで母が得た励ましと慰めを忘れることはないだろう、とノーマは書いています。

死の訪れを待つ天使

死の床についた人の横に天使がひっそりと立っている（あるいは待っている）のを見たという報告も寄せられています。また、ジュリー・バクスターのように、「死を迎える人のまわりにまばゆい光を見た」という体験談も少なくありません。このような現象は、死の数週間前に起きたというケースもあれば、直前の場合もあり、光を見た人は、安心感と気力を得て、愛する人が無事に天に召されるしるしとしてとらえています。

ダイアン・デビーは、ご主人が癌で倒れたときのことを次のように綴っています。「家に戻り、リビングに行ったところ、二メートル以上もあろうかという天使が主人の安楽椅子の後ろに立ち、主人を翼で覆っていました。主人はいつになくぐっすりと眠っていました。天使の姿ははっきりと見え、大きく、白い衣をまとい、白い翼と黄金色の顔、そして愛をたたえた黒い瞳をしていました（天使と目があったのです）。そして、全体が金色の光で輝いていたのです」

ジョーダン夫人は戦時中の体験談を次のように語っています。お兄さんと二人暮らしをしていた音楽の先生を訪ねたときのことです。

さようなら、と声をかけて帰ろうとしたところ、驚いたことに、開けようとしたドアをさえぎるようにして天使がいたのです。美しい翼を広げ、顔つきからみたところ男性の天使のようでした。やっとのことで勇気を出してドアを開け、家路につきました。この出来事を霊能者の友人に話したところ、それは死の天使であり、善良な人だけに訪れるのだといわれました。

その二日後、先生から、同居していたお兄さんが突然亡くなったので来てもらえないか、という電話がありました。先生のところへ行き、天使のことを話したところ、同じ日の夜、先生も眠る前にその天使を見たそうで、やはり私が見たのは幻覚などではなかったのです。私はいま八三歳ですが、まだはっきりと思い出すことができます。

この項の最後のエピソードは、ある男性が祖母から聞いた話です。一八九五年一一月二〇日、病床にあった六歳半の息子が、ベッドの足もとの方に天使が見えるといいました。そして天使に向かって手を振り、「あした行くからね」といったのです。翌日、息子さんは亡くなったそうです。

病院の天使たち

九・五パーセントもの対象者が天使と遭遇したのは病院だと答えています。天使の訪問を受けたのは、病に伏せっている人、長く苦しい病に耐えている人、あるいは泊りがけで看病をしていた人です。ここで紹介する体験談は、第九章と第一〇章に共通している部分も多くありますが、病院や病床でのエピソードのみに絞っています。対象者自身の経験の場合もあれば、他の入院患者、または付き添っていた人からの報告もあります。

まず、私自身の体験から。昨年のクリスマスの日、私は地元の病院に一晩入院しました。そのとき看護師の一人が、私が当時メディアで取りざたされていた天使プロジェクトの本人であることに気づきました。すぐにその話は広まったようで、回診で回ってきた仏頂面の医長が、あたりを見回した後、ひそひそ声で「ここには何百人もいるはずです。私自身は見たことがありませんが、患者の中には見える人がいるのです。そういった話をしょっちゅう聞きますから」といったのです。

正直なところ、その夜は天使のことなどまったく頭になかったのですが、ほかにすることもないまま、まわりを観察してみました。混合病棟でしたので、そこにはさまざまな理由で来院した患者がいました。私の向かいにいた女性は、ベッドの横にいる見えない何ものかに向かってずっと叫んでいましたし、ある男性は天井の片隅にじっと目を据えていました。このような行動は、薬や疲労などのせいだという説明もできるでしょう。しかし、この夜、天使がいたかどうかは別として、くだんの医長のひと言は、多くの医療従事者が死の天使や慈悲の天使の存在を信じているという事実を再確認するものとなったのです。

私のところに寄せられたエピソードの多くは、医師や看護師からのものでした。次に紹介するのは、ホスピスでX夫妻のケアをしていた緩和ケア病棟の看護師の体験談です。Xさん（ご主人）は不治の病と診断され、入院していました。治療が病状の進行を遅らせ、症状が改善されるだろうと医師は期待していました。この看護師は診断以来、数週間にわたってX夫妻と電話や外来で細やかに連絡を取っていました。

一一月のはじめ、Xさんは自宅で急に具合が悪くなり、持病とは関係のない症状で救急病棟に運ばれ、入院しました。治療を受けたにもかかわらず数日間で容態は悪化し、私は

病状の管理と家族への心理的サポートを懸命に行なっていました。

その日の朝、まだ自宅にいた私は、Xさんが亡くなったという知らせを受けました。臨終は安らかで、家族の方が看取られたということでした。家族の皆さんはまだ病院におり、私に来てくれないかということだったので、Xさんの病室に向かったのです。

私は、Xさんのなきがらが担架で死体仮置場に運びだされるのと同時に、病室を出ました。担架を運ぶ係員たちが通れるようドアを押さえ、後ろにつづいて廊下を歩いていきました。そして一行がエレベーターの前で止まったところで、通り過ぎざまに担架の脇を手でそっとなでて、「Xさん、さようなら」と心の中でつぶやき、ひとりだけ階段の方に歩いて行ったのです。

エレベーターの隣には階段があり、病院のスタッフはエレベーターを待つ時間を惜しんでよく階段を使っていました。いつも人の行き来が激しく、誰の姿がなくてもドアの開閉の音や人々の話し声、そして電子音などがするのです。病院は七階建てで、私はそのとき三階から六階に行こうとしていました。

階段へ通じるドアを開けると、あたりがやけに静かなことに気づきました。いつもの騒がしさがまったくなかったのです。ふいに仕事とは関係のない、私が当時かかえていた心配ごとが頭をかすめました（何を悩んでいたか今でもはっきりと覚えています）。かと思うと、急にすべてが止まったような感覚に陥ったのです。時間や音や空間などの感覚がまったくなくなり、強烈で、わけのわからない状態でした。

　その感覚がどんどん強まると同時に、今度は透き通るような白っぽい一条の光の中に自分がいることがわかりました。その光の帯は、建物全体をすっぽり覆うほど大きかったのです。そして、目で見たというより、感じたのは、光の向こうがわから現れた巨大な翼です。その翼にすっかり包まれた私は、それが天使だと直感しました。あふれんばかりの感情がこみ上げてきたと同時に、感動と、守られているという安心感、愛、そして、いつくしみを強く感じました。おだやかな気持ちと高揚感が入り混じっていました。

　そして、何が起きているのかはっきり理解しなければ、と考えはじめたとたん、天使は来たときと同じように、やにわに消えてしまったのです。急に引っ張り戻されるような感覚を覚え、体がずっしりと重くなり、音が聞こえ、温度の感覚が戻ってきました。それがどれぐらいの時間だったかわかりませんが、時間が止まり、異次元に入ってしまったような気分でした。

　後になって、このときのことについてじっくり考える時間があったときも、結局それ以上の理解には及びませんでした。起きたことは事実だ、ということ以外は……。

　その後も、仕事の日は同じ階段を毎日上り下りしていますが、特別な感覚や現象を感じることは、まったくありません。

ジョーニーは、私がはじめて天使について話した相手の一人です。彼女との出会いは、「運命」や「偶然」と呼ばれるようなものでした。初対面のときに彼女の話を聞いていなければ、私は天使の遭遇談というテーマについてもっと知りたいなどと、まじめに考えることはなかったでしょう。ジョーニーは小さいころから天使を見ており、現在、補助看護師として働くホスピスが、いかに天使であふれているかということを話してくれました。天使は特に臨終の間際にいる人のそばに立つことが多いそうです。ジョーニーはこのように書いています。


ホスピスで働き、命の終わりを迎える人々と一緒に過ごすというのは、本当にかけがえのない経験です。私が小さいころから体験し、理解しているのは、私たちにはみな、生まれたときからずっと守護天使がついているということです。

ある夜ホスピスで、肺癌の女性患者が呼吸困難であえいでいました。それは、もっとも恐ろしい亡くなり方のひとつでしょう。患者さんの横に座ると、ベッドの足もとに気配を感じました。そして、かわいらしいピンク色のワンピースを着た七歳ぐらいの少女がゆっくりと現われたのです。その少女は彼女を愛に満ちたまなざしで見つめていました。

次に、ベッドの後ろには、大きな翼をもった天使が二人現われました(そのうち一人は患者さんの守護天使です)。天使は、彼女の旅立ちの案内人として待っていたのです。患者さんは不意に目を開け、少女を見ると、ほっとしたような顔を見せ、息を引き取ったのです。長くつらい闘病生活でしたが、このときばかりは安らぎに包まれているようでした。

この時点では私は知らなかったのですが、この患者さんは、娘さんを七歳のときに亡くした心の痛みから立ち直ることができないままだったそうです。しかし、亡くなる間際に、彼女は癒されたのです。この世にひとりぼっちの人は誰もいません。みな、天使や愛する人に常に囲まれているのです。

新しい命の誕生

出産は女性の人生においていちばん強烈で、それでいて素晴しい経験のひとつでしょう。ですから、出産の瞬間に天使を見たという手紙がたくさん寄せられたのも不思議ではありません。そのうちの二通は、自分が生まれたときの母親の体験を綴ったものでした。

ジューン・ヘルプスは、「私が今まさに生れようとしたとき、美しい白い翼を持った天使が病室に現われたかと思うと洋服ダンスの中に消えた、と母はいつも話していました。それは母の守護天使だと婦長さんが教えてくれたそうです。天使が洋服ダンスに消えたというのは何とも愉快だと、いつも笑ったものですが、母は断固として夢ではないといいはり、感動的な経験だったと話していました。私は、出産のストレスだったのでは、といったものです。母は当時まだ二〇歳だったのですから」と書いています。

また、トレンス・ウィンの母親は、プロの体操選手で、お産のとき、義理の姉の家に身を寄せていました。チームの他のメンバーは、トレンスの父親が率いる興行ツアーで、各地を回っていました。妊娠末期の一九二八年一一月二〇日、母親は天使の訪問を受けたのです。

予定日は一〇月はじめだったというのに、私はまだ生まれていませんでした。遅れて生まれる赤ん坊は大きいものですが、母は小柄だったので医者は心配していました。母は、父にはすべて順調だと毎晩手紙に書いていましたが、実はひどく不安だったのです。

母はおそろしくまめな人だったので、ベッド脇にノートを置き、体の変調や、しなければならないことを考えつくと、いつも書き留めていました。その晩、もう零時になるというころ、父への手紙をもうすぐ書き終えるというときに誰かが部屋に入ってきました。てっきり義姉だと思い、「ローラねえさん、私のせいでまだ起きていたのならごめんなさい。デレックへの手紙、いま終わるところなのよ」と文末にサインをしながらいいました。そして顔を上げたところ、そこには白い衣を着た若い男性がいたのです。

透きとおるようでしたがはっきりした姿でベッドの足もとの方にいて、赤ちゃんを腕に抱いていたのです。赤ちゃんは生後半年ほどで、右頬にえくぼがありました。男性は、ほほえみ、赤ちゃんを指さして「まもなくだ」といいました。そして笑顔をたたえながら、窓から庭に抜け、庭の道を進み、消えたのです。彼は滑るように歩き、赤ちゃんは母の方を振り返っていたそうです。

母はこの出来事をすぐにノートに書きとめました。そのノートは、まだ私の手元に残っています。一週間後、日付が変わる少し前、難産のあげく、私が誕生しました。母が助産婦に最初に聞いたのは、「赤ちゃんの右頬にはえくぼがあるかしら」ということでした。「ええ。でもどうしてわかったのですか」と驚いた助産婦に、母は「一週間前に会いましたから」と答えたのです。

母は八年前に九〇歳で亡くなりましたが、最後までこのとき見たのは本当のことだった、と話していました。

アイリーン・ウィルソンは四番目の子供が生れる前に、七回ほど偽陣痛を経験しました。やっと入院した後のことです。「洗浄を済ませ、病室の高いベッドに横たわりました。ちょうど昼食の時間だったので、いつでも先生を呼べるように、ナースセンターに通じる、ひもの付いたブザーを渡されました」

私は、高い天井と、広い部屋、そして天井の隅のきれいな装飾をただ見つめていました。その少し前に、内診をした看護師の予想に反して、急に産気づいた私は、ブザーに手を伸ばそうとしたのです。ところが、ブザーが遠くに動いてしまい、押すことができず、ただそこに横たわるしかありませんでした。

昼食のカートを押す音や足音が遠くに聞こえます。痛みから気をそらそうと、赤ちゃんの名前を考え、「女の子だったら、母の名前と同じ、メアリーにするわ」といったのを覚えています。そして、キリストに助けを求めて祈りました。声を上げて看護師を呼んでみましたが、無駄でした。

するると、シューッという風のような音がしたかと思うと、私は上体を起こされていました。どうしてそうなったのかは、わかりません。だれかの腕と手が私の上腕に触れ、私がちゃんと起き上がっていられるよう、上半身の体重がしっかり支えられていました。右の二の腕のあたりを誰かが支えてくれたのです。そして私はまた後ろに倒れ、異常を察知してかけつけた看護師に急いで分娩室に運ばれました。

担当医は、医者になってから同じような経験をたくさんしているので、私の話を信じるといってくれました。ほかは皆、首をかしげていたのでは、と思います。

ジーン・ギャラガーが天使の訪問を受けたときのことです。「何かこの世のものではないことはわかりましたが、自然に受け止めることができました。足がなく、私が横たわっていた床から三〇センチほど浮き上がっているのには驚きました。穏やかなやわらかい表情をして、ほほえみと優しさに満ちていました」

「恐れることはない。まだ時がきていないのだ」と彼はほほえんでいいました。彼の話す言葉は時代がかっていましたが、その姿がゆっくりと消え去る中、私は安らかで静かな気持ちに包まれました。白く粗い布地の服はとてもリアルに見え、手で触れることができそうでした。次第にそれはモスリンのような薄さになったかと思うと、ガーゼのようになり、ついには消えてしまいました。

私は床に横たわったまま、ようやく人ごこちがついたような気分でした。実はそれまでの一日は大変だったのです。地元の小さい病院の陣痛室で、横のベッドにいた女性が死産したあげく、本人も亡くなってしまい、私はその部屋から追い出されたのですから。

そのときの取り込み中に、パニック状態の看護師が「見てはいけません」と、私を横のお手洗いに押し込んだのです。

夜が明けようとしていました。いきなり、あたりがあわただしい様子になり、看護師が私を真っ赤な毛布でくるみ、救急隊員二人が私を担架に乗せ、狭い階段を降り、救急車に乗せました。救急車はものすごい勢いで発進し、ずっとサイレンが鳴りっぱなしで、まるで悪い夢を見ているようでした。守護天使は、すべてうまくいくといったのではなかったでしょうか。

その朝は霜がおり、体の芯まで冷えるような寒さでした。黒い枯れ木の枝先に白い霜が見え、それが青い空に映えています。私はゆったりとした気分で寝ていました。ドアが開けられたかと思うと、また閉められ、いろいろな音がして人がやってきて、また静かになりました。再び目を開けると私のベッドはグリーンの服を着たたくさんの人たちに囲まれていました。その姿はまるで火星人のようでした。グリーンの手術着や、髪の毛一本逃さないぴったりとしたグリーンの手術帽。そして、皆なぜ手袋をしているのでしょうか。

見ていると、彼らは手を合わせ祈り始めました。私の足の方にいたリーダーらしき人は、目を閉じています。リーダーが祈り始めると、手の甲にチクッとした痛みを感じ、彼らの姿はゆっくりと消えていきました。そして再び手に何かの感触を覚えたかと思うと、「健康な女の赤ちゃんですよ」という声が聞こえました。

それからというもの、私は、あの守護天使についてよく思いをはせました。いまでも、あの顔をはっきりと思い出すことができます。そしてある日、その顔を本で見つけるという、信じられないような出来事が起きたのです。心底驚きましたが、彼は実在の人物だったのです。私が一七歳になるまで生きていたらしいので、守護天使ではないはずです。スコットランドに生まれ、一九二七年、二五歳のときにアメリカに移民し、後に神父になった人なのです。

一九年後、この男性は米国上院つきの司祭になりました。誠実で話し上手であることから有名になり、人々に愛されました。そして権威も人気も絶頂期にあった一九四九年、四六歳で彼は亡くなったのです。

この男性の正体を知り得たことを私は本当に幸せに思いました。そしてさらに調べようと、関連資料を手当たりしだいに読み、彼のことをよく知っているような気分になりました。そして、彼が聖職につき続けたことをうれしく思いました。それこそが、私への訪問の意味だったと思うからです。

そして、さらに不思議な偶然があるのです。わが家の家系図を調べていたいとこが、あるだけの資料を送ってくれたときのことです。信じられないかもしれませんが、そこに私の「天使」の名前がありました。スコットランドのある家族が、私と「天使」の共通の先祖だったのです。

シルビア・ガウアーは、出産後に天使に遭遇しています。シルビアとご主人は、一一年以上にわたって子宝にめぐまれませんでした。養子を取ろうと試みましたが、それもむなしく終わり、狭い家に引っ越したところ、おめでたがわかったのです。しかしシルビアには、血圧の問題があったため、新しい治療を受けるようすすめられ、そのために予定日の三週間前から入院し、帝王切開で産むことになりました。

気がついたとき、私は別の狭い病室にいました。看護師が来て、「女の子ですよ。体重は二〇〇〇グラムです」と知らせてくれました。集中治療室にいるわが子のところには、後で連れて行ってくれるとのことでした。小さなわが子をはじめて見たときの気持ちは、よく覚えていません。体じゅうのいたるところに管がつけられていたのです。手を保育器に入れると、小さい指が私の指をしっかりと握りしめました。その力はびっくりするほど強かったのです。一瞬にして私の心は、娘への愛情でいっぱいになりました。

もっとそばにいたかったのですが、私は病室に戻され、翌日また会えるのを心待ちにしました。そして次の日、娘に会う前、少し黄疸《おうだん》が出ていると告げられました。未熟児にはよくあることなのです。娘のいる部屋に入ると、管がすべて外されているのに気づきました。娘の小さな顔をのぞきこむと、ある疑いが心に浮かびましたが、すぐに打ち消しました。そして病室に戻っても、そのことについては誰にも話しませんでした。

でも翌日になると、もう疑いを打ち消すことはできませんでした。娘はダウン症に違いないのです。お産を担当した先生が来て、気分はどうか聞いてくれましたが、病室が手術後の器具で散らかっているので落ち込んでいる、と私は答えました。先生はたぶん察しがついたのでしょう。一緒に小児科の先生に会えるように主人を呼んでくれました。

主人が来たとたん、私は泣き崩れ、娘のことを話しました。主人が帰り、一人になった後も、私は泣き続けました。すると見慣れない看護師がドアから顔をのぞかせました（いつもの看護師さんは、精神安定剤をすすめてくれたのを私が断ってから、私のことを避けているようでした）。

上の階から器具を借りにやって来たのだというその看護師さんに、私が泣きながら娘のことを話すと、一緒に座り、私を抱きしめてくれました。そして、お姉さんにダウン症の子がいるそうで、そのお子さんが家族にどんなに喜びをもたらしているかを話してくれました。そして私が落ち着くまでずっとそばにいてくれたのです。あんなに長いあいだ職場を離れて、どう説明するつもりだったのでしょうか。

白衣には「ホワイト看護師」という名前が、刺繍されていました。私たちが言葉では表せないほどの愛情を抱いている赤ちゃんは、ダウン症であっても、わが子であることに変わりはなく、ただ愛情と保護がよけいに必要になるだけなのだと、ホワイトさんは教えてくれたのです。

娘の体重が二三〇〇グラムに達したとき、退院し、娘のために用意していた子供部屋に連れて帰りました。もちろん、そのときも、そしてそれからも、つらいことがなかったわけではありませんが、ホワイト看護師さんのおかげで、それらの試練に立ち向かう勇気を得たのです。

数カ月後、娘の洗礼式の後、お世話になった人たちにお礼のケーキを渡しに産科病棟を訪れました。ホワイト看護師さんにも準備したのですが、誰に聞いても、そんな人は知らないというのです……。最近になって、天使に助けられたという人たちの話を読んで、あの夜のこと、そして彼女に救われたことを思い出しました。ホワイトさんが本当に看護師だったのか、それとも天使だったのかはわかりませんが、二五年前に彼女が来てくれたことを本当にうれしく思っています。

病める人のために

アンヴェール・ハジーは急な胸の痛みで病院に担ぎ込まれました。「仕事から歩いて帰る途中、かなりの痛みがあったので病院に運ばれたのです。三日後、地元の病院は手術を決めました。血栓があるので、手術しなければならないと」

父親も兄もそれぞれ三二歳と四八歳で心臓発作で亡くなっているため、恐怖におそわれたといいます。血管造影を行なったところ、心動脈のうち三本に血栓があることがわかりました。点滴を受け、翌日の手術までできるだけ安静にするようにいわれました。「うちには脳性麻痺の娘がいるのです。もし自分が死んだら、大事なわが娘はどうなるのかと思うとぞっとしました」そしてお手洗いに行ったところ、閉まっているはずのドアの後ろから、人影が現われたのです。

「病院での出来事すべてがものすごいスピードで進み、私は恐怖におののいていました。どうすればいいか結論を出せずにいたのです。手術の同意書にサインすべきかどうか……。トイレに備え付けてある手すりにつかまり、立ち上がろうとしたのですが、立ち上がれませんでした。すると突然、背の高いその人影が目に入ったのです。二メートルを優に超えていたでしょうか。白い衣を着て、赤みがかった顔色で、長いひげがありました。それは、私がもつイエス・キリストのイメージそのものでした（私自身はイスラム教の信者で、インド人なのですが）。彼から『がんばりなさい、がんばりなさい』と言葉をかけられ、手にあたたかさを感じたかと思うと、私は立ち上がっていたのです。看護師にも話してみましたが、私はまだ頭が混乱して、信じられない気持ちでした。その後、すべての書類にサインし、手術を受けました」

アンヴェールの経験で特に興味深いのは、彼自身も指摘していますが、「家では出身地インドのカッチ語で話しているのですが、この姿には英語で話しかけられた」という点です。アンヴェールは、このキリストらしき存在が彼の守護天使だと信じています。

バーバラ・パーソンスは、腫瘍の疑いがあり、翌日の診査手術に備え入院していました。その夜、天使の音楽（ニューエイジのリラクゼーションテープでした）を聞きながら、アファメーションを唱えていたところ、「ベッドの後ろの壁の向こうから、鈍い音がしたかと思うと、何かが私の体とベッドを突き抜け、狭い部屋を黄金色の光で満たしたのです。私は興奮し、『いらっしゃったのですね』と大声でいいました。天使だということは、すぐにわかったのです。ほんの数分間の出来事でしたが、天使は、私とベッドと、そして後ろの壁を再び通り抜けて行ってしまいました。その顔や翼は見えませんでしたが、私の全細胞が天使だと理解したのです」医長はバーバラが腫瘍だと確信していましたが、この後の膀胱鏡検査では、それまでの症状を説明するようなものは何も見つかりませんでした。

これまで見てきたように、天使の遭遇談は病院やその周辺で、スタッフや患者にさまざまな状況で起きています。アンヴェールやバーバラのように手術前のこともあれば、次に紹介するエリック・ワルトンのように手術後のこともあります。エリックは大動脈塞栓の手術のために入院していました。

医師には、手術をしなければ死亡するだろう、しかし手術後の生存率も五分五分だろう、といわれていました。

手術を受けることにしました。大手術だったようで、六時間半ほどもかかったのです。術後に集中治療室にいたところ、肩まで白髪をのばした女性が現われました。顔色は白く、床まで丈のある白い服を着ていました。ほほえんではいませんでしたが、静かにそこにたたずみ、私の方を見ているようでした。話しかけてみましたが、何も返事はありませんでした。妻が来たときもその女性の姿はまだ見えたのですが、私がいくらいっても妻には見えませんでした。

おそらく三〇分ほどそこにたたずんでいたでしょうか……モナリザのようなほほえみと不思議な静けさをたたえて。妻と医師は私が幻覚を見たのだといいますが、私はその女性が術後の回復を見守ってくれたのだと信じています。私を迎えに来たわけではなく、ただ見守ってくれたのです。

トニー・ヒューズも同じような経験をしています。

二五年ほど前、父が心臓発作で倒れ、深刻な容態が数日間続いたときのことです。父は家族の顔もわからないほどだったのですが、意識がはっきりと回復してから、天使がきらめくような光の中からほほえみかけている姿を確かに見たと、教えてくれました。のちに、完全に体が回復した後も、同じことをいっています。

このときのことを両方とも私はよく覚えています。というのは、きちんとした教育を受け、健全で学究的な父のような人物がそのようなことをいうのに、驚きを感じたからです。あの時も今でもその気持ちは変わりません。当時、私たち家族はカトリック教徒で、一人で、あるいはグループでよくこんなお祈りを唱えていました。

「主の天使／主のいつくしみによって／わたしに委ねられた守護の天使よ／今日もわたしのかたわらにとどまり／わたしを照らし、守り、導いてください／アーメン」

カトリック教会は守護天使という概念から少し距離をおいているようですが、私はいまでも守護天使に祈るのですよ。

看護師のジャネット・スローターは、次のように綴っています。「急性の病気で膵臓《すいぞう》を悪くし、入院後三日間は重い病状でした。治療のおかげで徐々に回復し、四日目か五日目に、普通の病室に移り、なかなか寝付かれなかった夜のことです」

顔を布団で覆い、病室のまんなかにあるランプの光が目に入らないようにしていました。すると、光がさらに強くなり、こちらに向かってきたのです。それは明るく、白っぽい黄色で、ゆるやかにこちらに近づいてきました。そして気がつくと、光がシーツの下に来て、体がとてもあたたかくなったかと思うと、振動を感じました。数秒ほど続いたのですが、それが、数分後にまた繰り返されたのです。このときは何かに助けられている実感があったので、「ありがとう、ありがとう」とささやきました。感動と興奮で、その夜はまったく眠れませんでした。その後、いろいろな検査を受けましたが、病気の原因となるようなものはまったく見つからず、それ以来、私はずっと健康なのです。

ブライアン・マーティンも一九七九年に体をこわしたとき、同じような光にまつわる経験をしています。

私は当時二八歳でした。食中毒でたいへん具合が悪くなり、病院の集中治療室に運ばれ、二週間ほど隔離されていました。後になってわかったのですが、かなり危ないところだったようです。

家で療養していたある夜、ベッドに寝ていました。眠っていたのかどうかはわからないのですが、腕をだらりとベッドの外にのばしていました。いきなり白くかがやく光がベッドの足の方から差し込み、私の腕に触れました。それはまるで絹のような感触でした。そして、ベッドの頭の方にある壁を突き抜けたかと思うと、消えてしまったのです。恐怖感はまったく感じず、何も心配はいらないのだという、危険から救われたような深い安らぎと確信を覚えたのです。

エリザベス・マックマスターは、次のように書いています。「当時一四歳だった息子は、末期の白血病で、死と戦っていました。話もできないほど衰弱しきっていたのですが、あるとき、病院のベッドの足もとに天使が二人立っていると、はっきりいったのです。うちでは、道徳の教えを大切にしていましたが、宗教に関しては話したこともなく、天使についても触れた覚えはないのです」

また、足のケガで入院していた高齢の女性の友人を見舞ったときのことについて、ある女性は次のように話しています。「友人は、ぼけていたり、精神的に問題があるわけでもありません。ですが、他の入院患者が死ぬときは、わかるというのです。なぜかというと、天使がその人のベッド脇に立つからだと」

他にも似たような例で、天使そのものを見るのではなく、臨終の間際の患者に奇妙な行動が見られるという目撃談もあります。マーシュ夫人は、手術を受けて入院していたとき、脚に血栓がある高齢の女性が同室に入ってきたときのことを次のように綴っています。

その女性は重体だったので、看護師が常に治療に当たっていました。二晩目、腕を足の方にのばして何度も起き上がろうとしていましたが、頭を振り、またぐったりと横になり、痛みに耐えているようでした。その様子に、私を含め、同じ病室にいた患者は眠ることができませんでした。一晩じゅう苦しむ彼女を見て、天使に呼ばれながら、この世でもう少し生きたい、と戦っているのか、と考えていました。朝になると、彼女の周りにはカーテンがひかれ、亡くなったことがわかりました。

同じようなエピソードが他の女性からも寄せられています。友人とともに病院にいる高齢の女性を見舞ったときのことです。「彼女は何度も頭を持ち上げ、まるでそこに誰かがいるようにベッドの脇の方を指さしていました。そこには天使がいたのだと私は信じています」この高齢の女性も、二四時間後に亡くなっています。

天国へ旅立つ日

入院患者のお見舞いに行った人から寄せられた体験談には、臨終にまつわるという共通点があります。これについては、次の章で詳しく見ていきます。

ロッサ・チャイブスマンは、母親が病院でなくなったとき、「まばゆい一筋の光が上から母に差しこんできた」のを見ています。この光は天使だった、と彼女は考えています。

アンシア・ラングの母親は、病院で三日以上意識不明の状態が続いていました。

病院から、母の容態が悪化したとの知らせがありました。それまで六時間ほど母のそばについており、少し休むために帰宅したばかりでした。午後六時半ごろに病院に戻ると、看護師が母の傍らに座り手を握っていました。母はまだ意識不明でしたが、その看護師は、できれば患者に一人で旅立ってほしくない、というのです。

私と主人は数時間ほどそばについていましたが、母の容態はまったく変わりませんでした。病院の廊下は明るい電気がついていましたが、病室には薄暗い照明しかありませんでした。私たちはいったん廊下に一分ほど出て、一晩じゅう病院にいることになるかもしれないと話しあいました。そして病室に戻ると、何やら不思議なことが起きているのに気がついたのです。

母の容態が変わり――どういうわけだかすぐには把握できなかったのですが――病室にだれかがいることがわかりました。黒い服を着た天使の存在を私も主人も感じたのです。看護師を呼んだところ、母が臨終を迎えたことがわかりました。つらい闘病生活の後、母はにわかに楽になったような顔をしていました。

後日、この日のことについて話したとき、母は私たちに病室から出てほしかったのだろう、と結論づけました。人がいては、旅立つことができなかったのだろうと。いろいろな人と話しましたが、そう考える人は多いようです。私たちが廊下に出ていたとき、病室に天使が少なくとも一人いたのは間違いありません。

メアリー・ハントリーは、一九八六年、ご主人の人生最後の一週間を、彼の傍らで見守りました。二年間、ご主人は植物状態だったのですが、最後の数日間は昼も夜もそばにずっとついていることが許されたのです。彼女は、次のように書いています。「他にも誰かがいる気配を感じました。天使としか説明できません」

天使は身じろぎもせず立っているだけでしたが、力強いエネルギーにあふれていました。主人が亡くなる過程を楽にするために、そして、神のもとに召されることで主人は癒されるのだ、と私に教えるために来てくれたのだと思いました。

その天使は人間の男性よりも大きく、白い衣をまとっていましたが、恐ろしいという気持ちはまったくありませんでした。大きな力と愛をそなえ、いつくしみと支えをほどこしてくれる存在、という印象でした。苦難に面している私たちに勇気を与え、守るために遣わされたのだと信じています。

本章の最後のエピソードは、本プロジェクトに関してさまざまな場所で話した際に、私がもっともよく引用した例です。ある女性が子宮摘出の手術の後、麻酔アレルギーで重体に陥り、集中治療室に入れられたときのことです。急いでかけつけたご主人と息子さんが、意識不明の彼女のそばについていました。

ふと、涙でぼやけた視界に、ベッドの向こう側にいる天使の姿がうつりました。はじめは、おそらく疲労と心配が重なったせいだろうと考えました。ところが数分後、息子を見やると、同じ場所を見つめているのです。

息子は、ベッドの後ろに天使が見えるか、私に聞きました。そのとき、看護師がベッドの足もとの方を通りがかったので、私たち以外に誰かこの部屋にいるのが見えるか聞いたところ、看護師はほほえみ、だからといって心配することはないですよ、といいました。まるでこんなことは日常茶飯事とでもいうように。

妻の方を振り返ると、天使の姿は溶けるように消えてしまいました。そして、まさにその瞬間から、妻の意識は戻ったのです。

第九章　死の天使

集中治療室に入院していた父の見舞いに行ったときのことです。病室に入ると、母が父の右側に座っていました。そして左側を見ると、きらめくような衣をまとった天使がいたのです。頭からつま先まで銀色に輝き、銀色の羽根でできた翼が立派でした。何よりも目を引いたのは、司教の冠のような帽子をかぶっていたことでした。そして私は、天使が父を連れて行ってしまうことを私に教えてくれたのだと、気がついたのです。

前章で見たように、天使の遭遇談の多くは死にまつわる場面で起きています。肉体が消えてしまった後にも命は続くという考えは、さまざまな社会で根付いており、霊魂や精霊という観念がそれを支えています。

「死の天使」は、キリスト教に限らず、あらゆる文化で見られる概念です。例えば、ヒンズー教では、ヤムドゥートという死の使者がおり、ケルト文化では、死者が出るときにバンシーという妖精が泣いて予告する、といわれています。昔から民間で信じられている死神のイメージも、死の天使との遭遇談から生れたものかもしれません。

今回寄せられた体験談には、臨死体験や体外離脱のあいだに天使を見たケースや、家族などの臨終の間際や死の瞬間に天使を見た(対象者がその場に居合わせた場合もそうでない場合もあります)ケースなどがあります。家族が亡くなった何年も後に起きた体験談もあります。

これまで見てきたように、天使はさまざまな姿で現われますが、本章で紹介する体験談の大半では、前章と同じく、翼のある姿の天使が現われています。そして、死の床についた人のそばに、まるで静かに待つようにたたずむのが見られています。

第七章で紹介したように、誰かが死を迎えたときに、その場にいるいないにかかわらず、独特の香りがするという現象も、少なくありません。また、死の時点からしばらく時間が経ってから香りを感じたという体験談も報告されています。

また、亡くなった人の幽霊と天使の姿を一緒に見たというエピソードもあり、死の瞬間に、まるで次に乗る飛行機に案内するかのように天使が故人に連れ添っていた、という例もあります。それから、故人の姿が現われたのを見ても、それを「幽霊」ではなく自分の守護天使だ、と考えた対象者や、亡くなった人の気配をただ「感じた」とする対象者もいます。

論理で説明できない現象

どの社会においても、死は大きな謎に包まれており、天使の体験談が死にまつわるものが多いのも、うなずける話でしょう。天使との「遭遇」は、愛する人と永遠に別れる悲しみによって引き起こされるのだと、片付けられるのかもしれません。しかし、それだけでは充分な説明にならないことが、死に関する研究全般を細かく検討してみた結果、わかりました。

例えば、ラムゼイとデ・グルートは、グリーフ（悲嘆）には九つの段階があり、早くから現われるものと後になって現われるものがあるとしています。この九段階の中には、死者との交信（本章で後ほど詳しく触れます）や、家族の死後に起きるビジョン（天使、故人、あるいはその両方のビジョン）を分析するのに役立つものもあります。しかし、死の瞬間や、あるいは死ぬという事実がわかる前に起きた体験談は、グリーフの時期に起きたものではないため、九段階のいずれもあてはめることはできません。九段階のうち、第三段階（「否定」）は、本書の体験談に関係している可能性も考えられますが、その例はごくわずかです。

ここでは、全体験談の六分の五が、死の前に唐突に起きている事実に注目しなければなりません。現代社会では、不思議な出来事があると、合理的で論理的な答えをすぐに見つけようとするものです。私もそういった答えを探そうと努力したのですが、やはりそれでは説明できない現象がこの世には存在するようです。

死者との交信

死にまつわる天使の体験談について見る前に、まず、亡くなった家族が戻ってきて、メッセージを伝えるという、「死者との交信」について触れなければなりません。この種の現象は大昔からあり、あらゆる文化でさまざまな文献に記録されています。イギリスとは異なり、死者との交信というテーマがまったく制約やタブーもなく市民権を得て語られている国もあります。誰でも天使に遭遇できるわけではないように、愛する人と死に別れた人のすべてが死者と交信できるとは限らず、その理由は解明されていません。

P・マリスは、一九五八年の研究"Widows and their Families"（未亡人とその家族）で未亡人を対象に調査したところ、その多くが亡夫の存在を感じている、と報告しています。また、家族を亡くした後、精神科の治療が必要となった人を対象としたC・M・パークスの研究"Bereavement and Mental Illness"（死別と精神疾患）でも、対象者の半数が同様に感じていることがわかっています。

また、リースの研究では、配偶者を亡くした対象者の八人に一人が、故人の声などの幻聴を経験し、さらに同じ割合の人が故人の幻覚を経験したことが指摘されています。また、故人がそばにいるという感覚が何年も続く場合もあり、それに支えられたといいます。夫婦仲のよかった人の方が、そういった現象を報告する確率が高くなっているのです。

天使の遭遇談と同様、死者との交信も、香りや声、ビジョン、あるいは誰かや何かによって危ない事故をまぬがれるなど、さまざまな形や状況で起きています。両者には多くの共通点があり、どちらかを無視して語ることはできないのです。

死神のビジョン

死にまつわる天使のビジョンは臨終の前や死の瞬間に起きるものが多く、本書の体験談の中でも、死後に起きているケースはわずかです。したがって、本書のテーマと比べ合わせるならば、死者との交信よりも、死神のビジョンに関するマーク・チョビンスキーの研究が参考になるでしょう。

チョビンスキーは、死を迎えようとする人が、目に見えない死の権化と会話をしたり、また死神に会ったり（死神を追い返す、なんとか話をして帰ってもらい助かる）、あるいは、臨終を迎えようとする人のそばに死神がたたずむのを医師や看護師が見た、という体験談について述べています。この死神を天使と置き換えて考えると、本書のデータはチョビンスキーの研究を補足するものとなっています。

両データの共通点と相違点に注目してみましょう。まず死神は、黒装束に鎌という、すぐにそれとわかる姿をしていますが、本書の対象者が見た天使の姿は、香りだけというものから、メッセージを伝える実体のない存在、そして翼や光をもつ本格的な姿まで、バラエティに富んでいます。また、死神のビジョンはネガティブな経験だととらえられる一方で、死にまつわる天使の遭遇談は、きわめてポジティブな経験として受け止められています。

では現在、死にまつわる天使の目撃件数は死神との目撃件数を超えている、といえるのでしょうか。もしそうならば、死というものを語るにあたって、説明に使われる言葉、あるいはとらえ方について、まったく新しい見方をすることが可能になります。死の理論の大きな前進を示すことにもなり、死のプロセスに関する用語や説明もいかに変わることになるのかをこれから検討していきます。

臨終のときに見られる神秘現象は、さまざまな状況で起きます。本章では、まず臨死体験や体外離脱について触れた後、死の床にたたずむ天使について見ていきます。前の章で見た、死にまつわる香りについても再び触れます。さらに、死の瞬間に見られた天使について、臨終の場でそれを体験した対象者と、離れた場所で体験した対象者のエピソードの双方を紹介します。最後に、死後に現われる天使について、そして亡くなった家族のビジョンが守護天使だととらえられたエピソードについて触れます。

臨死体験と天使体験

現代医学の発展のおかげで、人間の寿命は日に日に長くなっています。一方で、なんとおよそ四〇パーセントもの人が死後の世界があると信じています。この概念はさまざまな論議を呼んでおり、関連資料も豊富にあるため、本書でも少し触れたいと考えているテーマです。

臨死体験が、脳の酸素欠乏や、エンドルフィンなどの脳内化学物質に関連した、生理学的に説明できる現象であったとしても、あるいはその他の何らかの理由（例えば麻酔薬は意識が体から離脱するような感覚をもたらし、光のビジョンや愛《いと》おしいという感情までももたらすといいます）によって起きるのだとしても、忘れてならないのは、天使の体験談と臨死体験の共通点の多さです。この種の体験を起こす要因が何であれ、ひとつ確かなのは、こういった経験が実際に起きており、そして体験者に大きな影響を与えているという点です。

臨死体験は、手術や心停止、アナフィラキシーショック、昏睡、発熱、麻酔、意識不明、事故、ケガ、不整脈、発作、自殺、重いアレルギー反応やその他の外傷が体に生じている最中に起きます。体がこのような極度の状態に陥ったとき、自分が体の外にいるような感覚を覚えるのです。臨死体験では、トンネルを通る、光を見る、光の中に入る、亡くなった家族や神のような存在に会う、生死の決断を迫られる境界に立つ、などの経験や、人生のパノラマ回顧（年代順に整っていることもあります）、急激な全知感、時間の感覚からの解放、そして強烈な感情などが起こります。これらすべてを経験する場合もあれば、そうでない場合もあります。

天使の遭遇談と同じく、イスラム教徒はモハメッドを見る一方で、クリスチャンはキリストを見るなど、臨死体験は体験者の文化背景に影響されるという説もあります。もちろん、天使（あるいは天使に近い性質や役割の存在）は、どの宗教にもある概念なので、臨死体験談にときどき現われるのも不思議ではありません。興味深いのは、本書の研究データに寄せられた臨死体験談に出てきた天使は、一例を除くすべてにおいて、白い服をまとい、光に包まれているような、翼のある天使の姿だったことです。

ある女性は次のように書いています。「病院で手術を受けているときでした。瀕死の状態にあったとき、私は空中に浮き上がり、まわりには美しい天使や鳥が見えたのです。そして、トンネルに入ってしばらく進み、明るくなったかと思うと、すべてが消えてしまいました。このことは一生忘れられないでしょう」

また、別の女性は、癌で助からないかもしれないと宣告され、大手術を受けました。

病室に戻されたとき、忘れられないようなビジョンを体験しました。私は、まるで息づいているような道を通ったかと思うと、美しく壮大なドームを見上げていたのです。それは、明るく輝くような金色に塗られ、言葉では言い表せないような美しい光で輝いていました。喜びに満ちた笑顔の人々が舞い歩き、通り過ぎるたびに私を見つめ、やさしさで心を満たしてくれたのです……。しばらくして、再び光に向かってその道を進みました。光の終点までは行かず、そこでゆっくりと目覚めたのです。まるで天国の一部を見てきたような気分でした。

ロビン・ウィーラーは一九九五年に母親が経験したエピソードについて書いています。

当時、母は咽頭癌と肝不全で末期状態にありました。マンチェスターのクリスティー病院に入院していたのですが、一週間、意識不明の状態が続いていたのです。一二月二三日土曜の朝、病院から、すぐ来るようにという電話がありました。来るべきときが来たとの病院側の判断だったのでしょう。急いで妹を車で迎えに行き、一緒に病院に駆けつけました。ところが病室に着くと、母はベッドの上に座り、看護師に体をきれいにしてもらっているところだったのです。

妹は母に、ゆっくり眠れたか、聞きました。すると母は、「ええ、足の上に天使が座って起こされるまではね」というのです。私たちが思わず「天使？」と聞き返したのは、いうまでもありません。そして、天使はどんな姿だったのか、翼があったのか、続けて母に聞いてみました。まるで陳腐な脚本みたいですが、「翼があるに決まってるでしょう。床まで届くぐらいの長さだったのよ」と母はいいきり、翼の様子を手まねしてみせました。

妹が、天使は何を着ていたのか聞いたところ、母は白い衣だったと答え、「とても、じゅん…純しん…」といいよどむので、「純真無垢？」と聞き返すと、「そう、そういう感じだったの」ときっぱり答えるのです。私か妹か忘れましたが「どんな姿をしていたの」と聞いたところ、「色が黒かったわ」といいます。「バハマ諸島の人みたいな？」というと、母はいらいらした様子で「いや、ただとにかく黒かったのよ」と答えました。

母の容態は安定していたのに、なぜ私たちを呼んだのか看護師に後で聞いたところ、看護師はまず謝り、電話をかけたとき母は脈もなく息もしておらず、「ご臨終だった」というのです。このときこそが、母が天使を見た瞬間だったのです。

この話には、天使の訪問の意味を母がちゃんとわかっていたということ（そしてそれがただの想像ではなかったということ）を示す、続きがあります。それはクリスマスの日、母の見舞いに行ったときのことでした。天使を見たことを覚えているか聞いたところ、「覚えているわよ。でももう見たくはないわね。お迎えだってことがわかったから」というのです。このときの口ぶりは、あの日とはまったく対照的でした。あの日の母は、恐れなどまったくなく、驚きと畏敬のこもった表情をたたえていたのですから。

当然ですが、本章の体験談は第八章で紹介した病院での体験談と、重なる部分が少なくありません。また、第三章でブライアン少年が、ガレージのシャッターの下に挟まれた後、「鳥さん」に連れられて空を飛んだ臨死体験を思い出す読者もいることでしょう。

体外離脱と天使の関係

体外離脱とは、特に危機や死に直面していないときに、意識が体を離れる現象で、特別な信念や能力などに関係なく、誰にでも起こり得る現象です。ジョギング中や睡眠中、あるいは祈りや瞑想のあいだ、または戦闘機の操縦中に、体外離脱を体験した人もいます。また、読書中や昼間ぼんやりしているときに起きたという人もいますが、いちばんよく起きるのは就寝中です。

トムが一六歳のときの経験は、その典型的な例でしょう。トムの父親は重病で倒れ、もう長くないことがわかっていました。父親は、死後の世界について話すことにまったく抵抗を感じないようでした。トムも死後の世界には興味があったので、父はよく冗談で、死後の世界が本当にあったら、戻ってきてトムに教えるよ、と話していました。数カ月後、父は息を引き取りました。

その約半年後、友人の家に何人かの仲間と一緒に泊まったとき、トムは体外離脱を体験しました。意識だけが肉体を離れて浮き上がったかと思うと、自分の体を上から見つめていたのです。あせったトムは床に寝ている友人たちを必死で呼んでみましたが、みなぐっすりと眠りこんだままでした。トムがいちばん心配したのは、朝になって冷たくなった自分に仲間が気づいた後のことです。遺体が運びだされ、焼かれてしまったら、残された自分は宙をさまよい続けねばなりません。トムは次のように綴っています。

パニック状態が少しおさまると、そばに誰かいるのがわかりました。その誰かに導かれ、長いトンネルへ入っていったのです。しばらくして、わかれ道に着きました。どちらに進もうか迷い、右側の道を見ると、壮大な美しい階段が上に続いているのが見えました。階段の上には、六〜七段ごとに天使が二人ずつ立っていました。天使は白く長い衣をまとい、翼は閉じられていました。そのまま階段を上っていたら、きっと父と一緒に天国に行っていたことでしょう。でも、まだこの世でやり残したことがたくさんあるから、行きたくないな、と思ったのです。すると、いきなり衝撃を感じ、自分の体の中に戻ったのです。僕は起き上がって泣き出し、友人をゆり起こし、半狂乱でたったいま起きたことについて説明しました。

いまでも、トムは何が原因でこのような経験をしたのかわからないといいます。命にかかわるような状況ではありませんでしたし、アルコールやドラッグも使用していませんでした。唯一考えられるのは、亡くなった父親が約束どおり、死後の世界があることを教えてくれたのでは、ということなのです。

死の瞬間に現れた天使

この項で紹介するのは、死のその瞬間に起きた体験談で、対象者は二つのグループに分けられます。まず、体験したのは臨終の瞬間であるけれど、その場には居合わせなかったというグループです。例えば、遠く離れた外国にいたとか、あるいは病院へ向かう車の中にいて、本人がいましがた亡くなったことを知らなかったというようなケースです。二番目のグループは、死を迎えた人と同じ部屋にいて、その人が息を引き取ったときに体験が起きています。

【臨終に居合わせなかったケース】

レイモンド・ウィーラーは、次のように綴っています。

母方の祖母が、イーストボーンに住む曽祖母のところに大叔母と見舞いに行ったときのことです。曽祖母は重体で先が長くないと見られていました。ある日の午後、曽祖母の様子が少しですが落ち着いたのを見て、祖母たちは帰ることにしました。

帰り道、二人がいろいろ話しながら、曽祖母の死に対する心の準備をしていたときです。思わず立ち止まり、「いまのを見た?」と顔を見合わせました。光り輝く翼をもった人が二人いるのをそれぞれが見たのです。祖母も、大叔母も、それが天使以外の何ものでもないと感じたといいます。そしてこの天使たちは、誰かをどこかへ連れて行くところだったそうです。ほんの一瞬のことでしたが、二人にとって忘れられない経験となりました。というのは、家に帰ると、曽祖母が亡くなったという知らせが届いていたからです。亡くなった時間は、祖母たちが天使を見たまさにその瞬間でした。

あのとき天使は曽祖母の魂を天国へと導いていたのだと、祖母たちは信じていますが、親戚の男性などに馬鹿にされたため、この後は何カ月も、この出来事について口にすることはあまりなかったそうです。でも私の母は、祖母たちが見たのは本当の天使だったと信じています。

第七章でも触れたように、死にまつわる天使の体験談には、香りを感じたという報告が少なくありません。ロザリー・ダブルの母親が一九五二年に亡くなったとき、ロザリーは、「むせるような花の香りがしたのです。ひとつひとつの花のにおいをはっきりかぎ分けることができました」と述べています。また、ご主人が亡くなった後も同じような出来事がありました。ご主人が亡くなった時間、二時二五分ちょうどに、振り子時計が止まってしまったのです。

このような時計に関する体験談はめずらしくありません。リンダ・バートンの父親が日曜日の夜九時半に息を引き取ったときのことです。

翌朝、家中の時計がすべて午後九時半で止まっていることに気がつきました。そのときは、ただの偶然だろうということになりましたが、一週間後の日曜日、またしても九時半に時計が止まったのです。そのすぐ後、私は玄関からリビングまで行き、電気をつけようとしました。すると、見えない手が私の手を壁のスイッチに押さえつけたのです。強い力だったので、手のひらにスイッチのあとがついたほどでした。はじめはぞっとしたのですが、すぐにとても安らかな気分になりました。そして、リビングに入ると、翼に包まれたのを感じ、部屋の隅にある影が見えました。クリスマスカードの天使のようではありませんでしたが、前に見たことのある、悠然とした白い姿と同じだったのです。

【臨終に居合わせたケース】

本書の体験談では、死に際に現われる天使は、白い衣を着て翼のある姿をした場合が多く、黒い衣をまとった昔からの「死の天使」ではないようです。これは文化的な背景が体験の解釈に与える影響や、人は自分が見たいもの、あるいは期待しているものを見るのだろうかということを考える上で、注目するべき事実だといえるでしょう。

次に紹介するエピソードは、一九九一年一二月一日、ヘザー・エリッジの父親が癌で闘病後、安らかに息を引き取った日に起きました。

その日曜日の午後からずっと、まさに臨終を迎えようとする父の横に大きく光る何ものかがついていたのです。父の手を握ると、三メートルもあろうかというその人影が、ベッドの向こう側にひざまずき、父の顔を見つめていることに気づきました。きらめくような白く長い衣を着て、輝くような力でみなぎっていたのです。私たちは座り、父を見つめていました。急に母が父にキスをしたかと思うと、私に「こちらに来て、お父さんにお別れをしなさい」といいました。その一分後、父は息を引き取ったのです。

母はベッドの片側にいて、主人のティムと私はその反対側にいました。祈りなさい、と母が急に言ったとき、私はあっと驚きました。それは、父の魂が足から先に寝具とベッドをすべり抜け、先ほどの輝く人影のもとに行ってしまったからです。そのときその何ものかは、部屋の隅に移動し、暗がりを照らしていました。父も隅に数分ほど一緒に座って、ベッドを囲む私たちの方を見ていましたが、いきなり二人とも姿を消してしまいました。そして、病室の隅はまた暗くなったのです。

スザンヌの体験談は、祖母が亡くなった夜に起きました。

意識があったりなかったりの状態が続いている祖母のそばに座り、祖母も私もお別れが近いことを覚悟していました。祖母はもうずっと床に伏せっていたからです。私は、人の死を看取るのは初めてだったので、少し恐ろしいような気持ちでした。そばにいることをわかってもらおうと、祖母の手を何時間も握っていました。すると、誰かが窓の外に座っているのに気づきました。それは、私が六歳のときに亡くなった祖父だったのです。祖父は私をとてもかわいがってくれました。穏やかな人で、家族のみなに惜しまれて逝《い》ったのです（もう四一年も前のことです）。

祖父は、やさしく私に話しかけてきました。祖母が自分のところに来るのをずっと待っていたということ、そして、私が祖母とお別れできるまで見守っていたということ。そして、急ぐことはない、自分は今まで待っていたのだから、と。

ふと、誰かが横に座っているのを感じたかと思うと、いいようのない安らぎに包まれました。私は左手で祖母の手を握っていたのですが、右手は祖父に握られているのがわかりました。静かながらも力強いエネルギーが体に行き渡るのを感じました。すると、祖父と祖母は天使の姿になって静かな夜の向こうに消え去ってしまったのです。二人は少しとまどったようにも見えましたが、振り返らなくていいのよ、どうぞ次の世界に飛びたって、と私が心の中で願うと、行ってしまいました。すべてが本当に静かな夜で、私は、澄みきった夜空をただ見つめたのでした。

また、次のような体験談も寄せられています。「何年か前、叔母（故人）から、ある話を聞きました。このとき叔母はその場にいたそうです。ミカエル祭の日、教会から帰る途中に聞きました」

叔母の老いた父親は、叔母の妹夫婦、そしてその幼い孫息子と住んでいました。あるお昼どきのこと、当時五～六歳だった孫息子は、そろそろお昼ごはんができると、おじいさんに知らせてくるようにいわれました。

孫息子はいわれたとおりにしましたが、誰も降りてきません。何分かたった後、ちゃんと伝えたかどうか、聞かれた少年は、こう答えました。

「うん。でも、おじいちゃんは忙しいみたいだった」そして、少し考えてからこう付け足しました。「お部屋が天使でいっぱいだったもの」

みんなで部屋に行ってみると、叔母の父親は亡くなっていたのです。

同じようなエピソードが他にも寄せられています。それは、召使い用の呼び鈴があるような大きなお屋敷で、健康体だった五六歳の父親が急に亡くなったときのことです。

父親の部屋の呼び鈴が鳴ったことに気づき、叔母は何か用かと部屋に向かいました。叔母の父は気分が悪くなり、ベッドで休んでいたのです。

階段にさしかかったところで見た光景に叔母は仰天し、不吉な予感におののきました。階段の上に明るい一筋の光がさし、その中に天使がいたのです。部屋に行くと、父親は息を引き取ったばかりでした。

死後に守護天使となった家族

死者と何らかの形で交信することは、心霊経験の中でもっとも報告数の高いものでしょう。研究によると、配偶者や子供の死を悼《いた》む人の五〇～七五パーセントが、亡くなった家族の訪問を何らかの形で受けています。しかし、多くの場合、そのような体験は悲しみがもたらした幻覚だとあしらってしまうため、ヒーリングの機会を逃してしまうのです。死にまつわるヒーリング・ビジョンには大きく分けて三種類あります。死の予告、死の経験の共有、そして死後の訪問です。

死後の訪問に関する体系的な研究は多くありません。M・クライレン博士の研究"Adaptation

After Bereavement"（死別体験後の適応）によると、死別を経験した人の三分の一が、故人の存在を感じており、言葉や心の中の会話を通して、コミュニケーションをとっています。

また、R・C・フィナケーンの"Appearances of the Dead : A Cultural History of Ghosts"（死者の出現――幽霊の文化的歴史）では、故人の幽霊が現われたケースを歴史的に分析し、一八世紀までは幽霊が言葉を発するケースが多い一方、二〇世紀になってからは、無言のケースが多いと述べています。本書の体験談でも、亡くなった身内が話したというエピソードは一件しかなく、この研究結果と一致しています。一方、体験談の中には、天使が故人のそばにつき、何も心配はいらないから安心しなさいと、故人を代弁して話している例がいくつかあります。

人が自分の体験を説明するのに、どのような言葉を使っているかという点は、研究の対象として大変興味深く、本プロジェクトでもとりわけ着目しています。私が特にひっかかったのは、亡くなった家族を見た人が、それを幽霊や亡霊ではなく、守護天使だと報告している点でした。また、故人と交信し、故人がいまは天使のような役割をしている、という体験談もあります。このような曖昧なケースでは、言葉が混乱を招いているようです。

まず、天使の定義とは、いったい何かという問題があります。幽霊、霊魂、スピリチュアルガイド、天使、エネルギー体などは、すべて学説的にはそれぞれの特徴と意味をもつ別々の存在です。ですが、人が天使という存在に自分なりの定義づけを行なうと、これらすべてが一緒にされてしまうようです。こういった存在は実はすべて同一のもので、それらとの遭遇は同一の体験ということであり、呼び方が違うだけなのだと考えられはしないでしょうか。大半のものに関しては、その可能性が大だと、私は考えています。

メルビン・モース博士の"Death-related Visions and healing Grief"（死に関するビジョンと悲嘆のヒーリング）というインターネットでの研究に、家族がこの世に戻ってきてメッセージを伝える典型的な例が紹介されています。

モース博士は小児科医で、神経科学の研究者でもあり、子供の臨死体験について五〇年間研究を続けています。博士の患者の一人は、ある日息子が自動車事故で重傷を負うという生々しい夢を見ました。事故を防ぐための手がかりは夢に出てこなかったため、けっきょく彼女は運転中に自分の過失で、夢で見たままの事故を起こしてしまいました。彼女は博士に、夢で事件を予言してくれた自分の母親が守護天使として自分を守ってくれている、というのがこの夢のメッセージだと話しています。「この夢を見なければ、再びよき母親、よき妻になることはできなかったかもしれません。私はひどい罪悪感に悩み、落ちこんでいたからです。でも、事故は自分のせいで起きたにせよ、それも運命だったのであり、母はいつも私を見守ってくれるのだとわかったのです」

このように、亡くなった家族のビジョンを見て、その故人こそが守護天使だとするケースでは、守護天使という言葉の使い方や意味づけが変わっています。このタイプの体験談の中には、デビッド・バーバーのように命拾いをしたというような例から、シルビーの亡くなった姉のように、「幽霊」としてメッセージや警告を伝える例までいろいろあります（両例とも本章で紹介します）。また、故人が天使の姿で現われたり、守護天使になったことを告げに来たケースもあります。

一九八一年三月一四日、デビッド・バーバーが息子のアンドリューを近くのドロイトウィッチ・リゾートのプールに連れて行ったときのことです。父親のデビッドは泳げなかったので、浅いところにいたのですが、少し自信がつくにつれ、深い方に行ってしまいました。

ふと足を滑らせ、プールの底に沈んでしまいました。水中には一～二分もいたでしょうか。私は、このままおぼれ死んでしまうだろうと覚悟しました。すると、一六年ほど前に亡くなった祖母が水中に絹のガウンをゆらゆらとたなびかせて、やってきたのです。私を支えようと祖母が手を添えてくれたそのとき、頭をプールの底に何度もぶつけました。そして上を見ると、息子が私を引っ張り上げようとしているのです。息子だけの力であんなことをするのは到底無理だったはずです。でも、守護天使の祖母が手を貸してくれたおかげで、私は助かったのです。

レイ・グリンダルは、臨終を迎えた祖母のもとに亡くなった祖父が戻ってきたと信じています。それはレイが一〇代のときのことでした。

私は当時一六歳で、両親と祖母と一緒に暮らしていました。祖父のジョージはその数年

前に亡くなっており、祖母は重病で倒れ、二階で母が看病していました。来る日も来る日も、母はブラッキーというコッカスパニエル犬と一緒にベッド脇に座っていたのです。ブラッキーは、人間・動物を問わず、怖いもの知らずの犬でした。

ある晩、父と私は下の居間でラジオを聞いていました。すると、何かが階段をものすごい勢いで降りてきて、キャンキャンと鳴きわめいているではありませんか。ドアを開けてやると、ブラッキーが背中の毛を総立ちにさせ、テーブルの下に駆け込み、怖くてたまらないという様子でびくついているのです。父が二階にいる母を呼ぶと、母は何が起きたか教えてくれました。

母がベッド脇に座っていると、祖母が昏睡状態から目覚め、枕から頭を上げたのです。病人らしい様子はまったく消えたような表情でほほえみ、部屋の片隅を見上げ、「あら、ジョージ」といったかと思うと、息を引き取ったのです。その瞬間、母の足もとに寝ていたブラッキーが飛び起き、祖母が見上げたのと同じ場所を見つめて、恐怖におののき、毛を逆立て、鳴きながら部屋から出て父と私のところに駆け下りてきたというわけです。

祖母とブラッキーは、祖父の姿をした天使を見たのだと、私は信じています。

レイの話と同じように、亡くなった家族を見はしたけれど、必ずしも守護天使になったわけではない、と感じた人も少なくありません。一方で、ブラウン夫人は、天使の姿をした亡母を見ています。「八歳半のころ、母は三四歳の若さで急死したのです。私はもう年ですが、あのときのことは鮮明に覚えています。寝る前に、母が白い服を着て、翼のある姿でベッドの足もとの方に立っているのを見たのです。私は恐がりだったので、シーツで顔を隠しました。しばらくして顔をのぞかせると、母はもういませんでした」

レウェリン・ライスは、娘さんの披露宴が佳境に入ったころ、急に寒気を覚え、どうしても一人にならなければ、という気分におそわれました。「会場の北の隅を見てみると、紛れもない祖母の顔が浮かんでいたのです。祖母は一九四六年に亡くなったのですが、孫娘の結婚を見るためにこの世に戻ることを許されたのでしょう。それは、ほんの三秒ほどの出来事でした」レウェリンは、一九七一年一月三日に、スコットランド人の叔父の葬式がとり行なわれた後にも、同じような経験をしています。叔父は彼のことをわが子のように可愛がってくれた人だったそうです。

葬式の会食の後、叔父の家の前にある湖に行かなければという気分にかられたのです。それは、まるで、何かに引っ張られるような感覚でした。そしてはっと振り向いた時に、「本当にそうしたいのか」と厳しい口調の叔父の声がしたのです。二〇年ほど前の、叔父が若いときの声でしたが、姿は何も見えませんでした。

また、あの世からメッセージを受けたという体験談も少なくありません。シルビーは次のように書いています。

天使が近くにいるしるしの「白い羽根」をはじめて受け取ったのは、つい最近のことです。このあいだの夏休みにリゾート地のボーンマウスに行ったときのことです。エレベーターに一人で乗り自分の部屋に戻るところでした。三階でドアが開き降りたところで、目の前に白い羽根が落ちていたのです。私はその羽根を拾い、以来ずっと持ち歩いています。それは、一年前に亡くなった姉がくれたものに違いないからです。その翌週に姉のお墓を祝福する儀式があったので、私は姉のお墓参りに行く予定だったのです。

私たちはとても仲のよい姉妹でした。このとき以来、姉は家に現われ、姪（姉の娘）へのメッセージを残すようになりました。姉が現われる前は、かならずポプリのような香りがします。そして姉が伝えてくれるのは、すべて確かで大切なメッセージなのです。

ジャック・ハンターの亡くなった祖父も、折にふれてメッセージを送ってくれました。一九四一年、英国空軍にいたジャックが休暇を終えたときのことです。軍務に戻る前にかかりつけの医者で検診を受けることにしました。医者は、専門医のところへ、胸部レントゲン写真を撮りに行くよう勧めました。

精密検査をした担当医師は、軍に戻る必要はない、すぐに病院に入院することを連絡しておくから、というのです。私は結核だったのです。

その後一年が過ぎても、私はまだエジンバラの市立病院に入院していました。そこで病状が悪化し、肺炎や他の合併症を併発して、小さな特別病棟に送られました。当時ここスコットランドでは、アバディーンで発生した天然痘が大流行しており、この病院には天然痘患者専用の病棟もあったので、見舞客を受け入れていませんでした。後で聞いたところ、両親のところに警察官が来て、私は助かる見込みがないといわれたそうです。

しかし、私はどうにか生き延び、数週間後には他に三〇人ほど患者がいる大病室に戻されました。週一回、外部から訪れる主治医の検診があるので、再びレントゲンを撮られました。主治医は、数週間前に撮ったレントゲン写真と並べて窓にかざし、常勤医に向かって、「信じられないよ。同じ患者の写真とは思えない」といいました。そして、最後に「これからもがんばりなさい。よくやっているね」といってくれたのです。この医師は、私の最初の守護天使だったのでしょうか。

二年半たってやっと退院の日を迎えたとき、看護師が医長に私の今後について聞いてくれました。医長の答えは、養生すれば二〇年生きられるだろう、ということでした。つまり、四〇代半ばまでしかもたないだろうというのが、専門家の見通しだったのです。

そのあと、家に何カ月かいたでしょうか、ボーダーズ州のアンカムに住む姉が、家で保養したらどうかと招いてくれました。しかし、数カ月後、また症状がぶり返し、ハウィックにあるサナトリウムに入るよう医者にいわれました。病室の空きを待っていたある夜、ベッドの足もとの方に祖父の姿が現われたのです。祖父は、自分が見守っているから、何も心配することはない、といってくれました。祖父が亡くなったのは私が六歳のときだったので、来てくれたことに驚いたのを覚えています。

サナトリウムに二年間いた後、胸部の形成手術を受けるためウェストロジアンにあるバンゴール病院に入院しました。ようやく帰宅したときは、二八歳になっていました。三〇歳になって仕事を再開し、六五歳で退職しました。いま私は七八歳で、よくつくしてくれる妻と、二人の成人した子供と、四人の孫にも恵まれたのですよ。

第一〇章　天使たちの長い夜

するといきなり、「天使」が現われたのです。外見の印象は薄く、顔も覚えていないのですが、なによりその巨大な翼に圧倒されました。そばにいた主人に、どんなにその翼が立派で美しいか、教えました。とにかく、翼の印象がそれほど強かったのです。

夜、寝入る前に、ぼんやりした意識状態で、完全に覚醒しているわけでも、睡眠に入っているわけでもない時間が少しあります。この段階では、夢よりも短く支離滅裂な、幻覚のようなイメージがよく見られます。それはまるで、脈略のないスライドを次から次へと早送りで見るのに似ています。このときに見たイメージやアイディアをもとにして芸術作品や研究を完成した芸術家や科学者も少なくありません。私自身も例外ではなく、寝入りばなのリラックスしている状態、または夜中に目覚めたときに、よいアイディアや問題の解決策などが浮かぶことが多いようです。体は半分寝ていますが、脳はフル回転しているのです。

この短い入眠期では、このようなイメージを見るだけでなく、人間の意識と無意識との交流が高まるということが、最近ではわかってきています。覚醒時は大切な判断をつかさどっている脳の左半球の活動がこのときは休止するため、直感的・感情的な働きをになう右半球が代わりに活動するようになることを示す裏付けもあります。

図02が示すように、本書の対象者の多く（三〇パーセント）が、寝室で天使に遭遇しており、九・五パーセントは病院のベッドで遭遇したと報告しています（第八章を参照）。そして、すべてのケースが、寝入りばなや、明け方、あるいは目覚めたときに起きています。このような半分覚醒し、まどろんでいるような意識の状態は、まどろみ（半覚醒）の状態、あるいはアルファ波状態と呼ばれています。本書では、この段階に起きた体験談を「まどろみの体験談」と呼ぶことにします。本書の体験談では、このタイプのエピソードがよく見られています。

対象者から寄せられた手紙には、「夢でなかったことは断言できますが、でもそれが何だったのか、はっきり説明することはできません。天使だとしか思えないのです」「何が起きているかはっきりと自覚していたので、夢ではありません」など、驚くほど似たような文章が繰り返されています。

夢で会いましょう

深い睡眠を示すデルタ波が見られる直前、脳波がシータ波になる段階も、まどろみの状態と呼ば

図02・天使と遭遇した場所

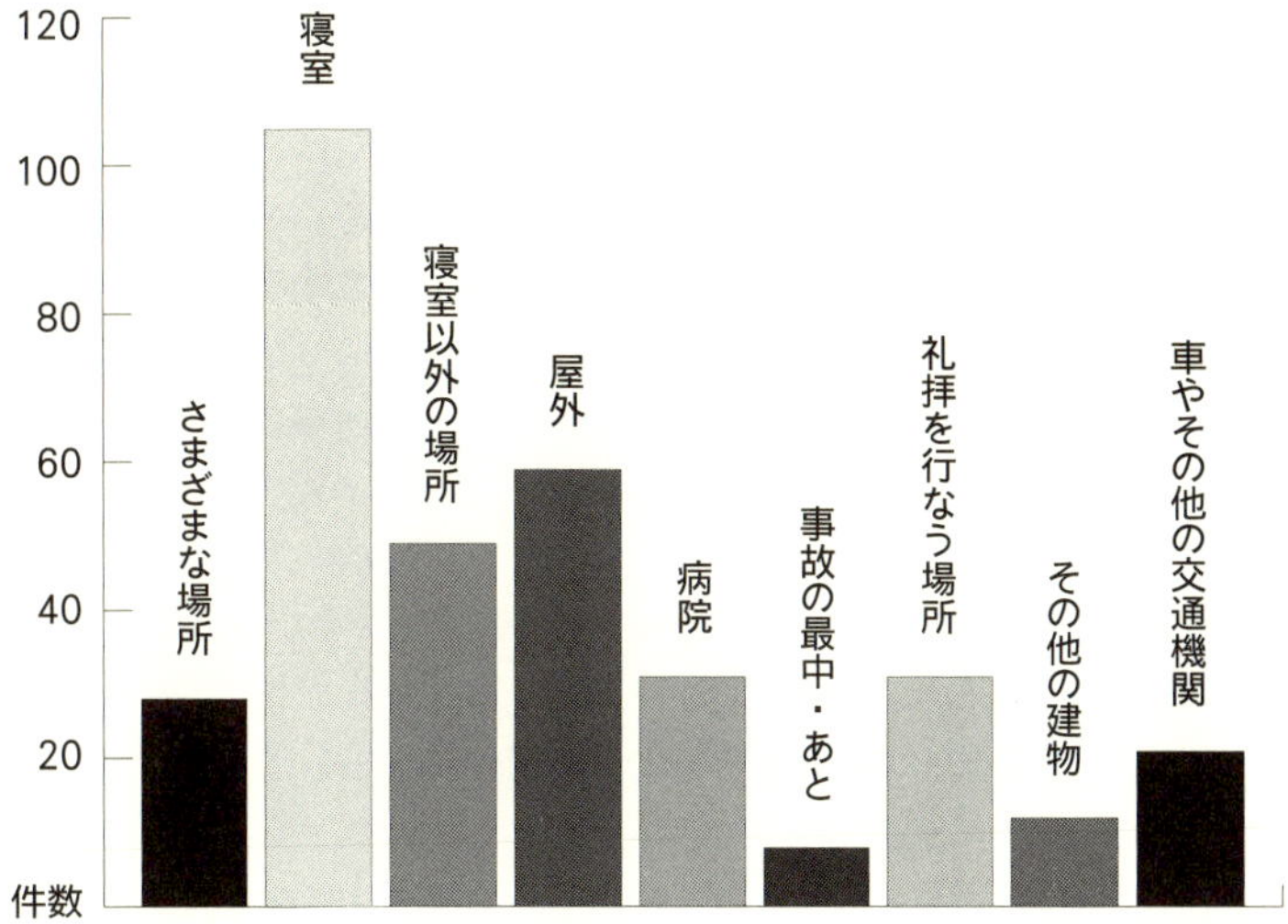

れています。シータ波状態では、鮮やかな記憶が呼び覚まされる、突然ひらめく、創造的な思いつきを得る、知的能力が高まる、落ち着く、世界との一体感を覚える、などの体験がみられます。

頭に浮かぶ想像や考えにひたることができるのが、この段階です。脳波がシータ波に変わると、顕在意識と潜在意識の世界をすんなり自由に行き来することができます。アインシュタインは、意図的に自らをシータ波の状態に導くことができ、研究でアイディアが必要になったときは、それを利用していました。

瞑想やリラクゼーション術、催眠術、あるいは深い祈りなど、まどろみ状態を作りだす方法はたくさんあります。一方で、白昼夢を見ているときや想像力を働かせているときに無意識のうちにまどろみ状態に入ってしまうこともあり

β　ベータ波：覚醒、集中、理解

α　アルファ波：リラックス、想像力、創造性

θ　シータ波：直観力、記憶、瞑想、鮮明な視覚イメージ

δ　デルタ波：深い睡眠、ヒーリング、意識からの隔離

ＥＥＧ（脳波図）は、一秒あたりのニューロンの発火頻度を測定し、分類します。

ベータ波（13 ～ 40 ヘルツ）が出るときは、集中力がいちばん高く、覚醒度や視覚的な鋭さの高まりも見られます。ノーベル賞受賞者のフランシス・クリックらは、脳を活性化させるブレインシンク・テープに使われる 40 ヘルツのベータ波が、認識行動の鍵を握ると考えています。

アルファ波（7 ～ 12 ヘルツ）が見られる段階は、深いリラックス状態になりますが、瞑想状態まではいきません。意識下に眠る豊かな創造性にアクセスできる段階で、意識の深層部への入り口です。また、アルファ波は地球の磁気共鳴周波数であるシューマン共振と同じ周波数でもあります。

シータ波（4 ～ 7 ヘルツ）が出るのは、もっとも謎の多い特殊な段階です。これはまどろみの状態とも呼ばれ、デルタ波の段階から覚醒する直前や、完全に眠りにつく直前のわずかのあいだに通過する状態です。白昼夢のような鮮明なイメージが次々と浮かび、通常の顕在意識では受け取れない情報を受容することができます。またシータ波は学習や記憶に役立つ鍵となることもわかっています。シータ波が出るときに瞑想すると、創造性や学習性を高め、ストレスをやわらげ、直観力や超感覚的知覚能力を呼び起こすことができます。

デルタ波（0 ～ 4 ヘルツ）が見られるのは、深い睡眠状態のときです。デルタ波のうち、特定の周波数は成長ホルモンの分泌を促し、治療や再生過程に効果があります。疲れを癒す熟睡が治療に大切なのはこのためです。

ます。

本書のデータによると、天使にまつわる体験のほとんどが、対象者が深いリラックス状態にあるときか、あるいは反対に危険に直面しているときに起きています。本書の体験談の鍵になるのが、アルファ波とシータ波という脳波であると私は考えています。この状態のときにもっとも頻繁に体験談が起きているからです。

「父の死から六週間後、夢に父が現われた。それは忘れられない経験となり、私が死後の世界について考えるきっかけとなったのである」——カール・ユング

夢は誰でも見るものです。朝になって夢の内容を覚えている場合もありますが、記憶していないことの方が多いでしょう。そして同じように、はっきりとした意味を持つ鮮明な夢と、そうでないものがあります。次に紹介するエピソードは、体験者は夢だと考えていますが、夢を超えた何かだと解釈できるものです。

アルファ波について学び、「まどろみの体験談」に目を通した結果、夢で見た天使を現実ととらえた人が少なかったことに驚きました。体験談の多くで死者との交信が報告されていたので、同じ傾向がここでも見られると予想していたからです。

グラハム夫人は一八歳のとき、腺熱にかかり、薬を飲まず寝込んでいました。そんなある日、うたた寝をしていたときのことです。「まるで地中海のようなブルーを背景に、四～五人の人影が現われたのです。私は『白い漫画のシスター』と名づけましたが（私は一七歳まで修道院にいたのです）、いくつかは静止しており、いくつかは飛び回っていました。ほんの数秒の出来事でしたが、これが起きたとき、私は治る、と確信しました。そのときは最悪の状態だったにもかかわらず、何ごとに対してもおだやかなよい気分になったのです」

夢という形をとった天使の体験談は、とりわけ、大切な人の突然の死の予告であることがあります。一九八三年一二月一四日、アランはカナダにいました。アランは、その一〇年前からカナダに移民していたのです。ある日、父親と天使が出てくる鮮烈な夢を見て目を覚ましました。「天使は表情のない顔で、やわらかい光に包まれていました。父には頭光があり、まるで光の中を浮いているようでした。この夢（ビジョン）で覚えているのはそれだけです」父親はその二日後、急死し、アランはイギリスに駆けつけ、棺におさめられた父の顔を見たとき、夢を思い出しました。それは、夢で見た父の表情そのものだったのです。

エリス夫人も死を予告するような夢を見ています。

夢の中で私は主人と山を歩いていました。二人で、うっとりするような眺めの谷を見おろし、とても幸せな気分でした。すると、左後ろから長く白いドレスを着た素敵な女性がスーッと現れました。そのドレスは絹のような生地で地面に裾をひいていました。

女性は後ろから手を主人の肩の上に置き、主人を連れて左後ろにまた滑るように戻っていったのです（私の目はまだ谷の方を見ていたのですが、後ろの様子も見えたのです）。私は深い喪失感を覚え、泣きながら目を覚ましました。

主人は「ただの夢だよ」と慰めてくれましたが、「でも、あなたを連れて行ってしまったのよ、連れて行ってしまったの……」と泣き続けたのを覚えています。そしてまもなく、主人は亡くなってしまったのです。あの夢はお告げだったのだ、と私は信じています。

次に紹介する二つの夢は、死の瞬間に起きた天使の遭遇談とも重なるものです。前章で見た他の例のように、体験者は臨終の場には居合わせていませんでした。

トーマスは、イエメン共和国の大企業で現場所長として働くインド系イギリス人です。

私の父は長い闘病生活の後、一九八六年に亡くなりました。当時、私はカタールの首都ドーハで働いていました。

父が息を引き取ったのは、水曜日のちょうど午前三時のことでしたが、私はその夜、こんな夢を見たのです。翼のあるかわいらしい男の子が、何か思いもよらないことが起きると私に伝え、顔を背けると、飛んで行ってしまったのです。

天使の顔は目がくらむようなまばゆい光で輝いていました。私は飛び起き、あたりを見回して、電気をつけました。ちょうど三時一〇分前のことです。私にごく近い人に何かが起きたに違いないと両親や親戚の顔を思いうかべ、なかなか寝付かれませんでした。

翌朝、重い気分のまま、仕事に行きました。すると、友人から電話があり、父が午前三時に永眠したという知らせがあったのです。

頭の中でいろいろなことが渦巻く中、夢のことを思い出しました。あの夢と死の関係について、説明できる手だては見つかっていません。


ロン・ウェルズは妻の死について次のように書いています。


妻のメグの死が近いのは明らかでした。妻は、左手と顔以外はすべて麻痺し、耳も聞こえず、目も見えず、口もきけなかったのです。見舞いに行くたびに私たち家族は、妻の左手に指を二本握らせました。妻はやわらかく握り返して返事をするのでした。でも、それが誰の指だかわかっていたのでしょうか。

私は六〇年近く妻を深く愛した自分だということをわからせたくて、あえてキスではなく、妻の白い喉もとを優しくなでました。それは、私だけの「愛している」というメッセージでした。すると、妻の唇の端がかすかに上がり優しいほほえみを見せました。私だとわかってくれたのです。私は重い足をひきずり、病院を後にしました。

その晩、私はやっと寝付きましたが、何度もうなされ、いきなり夜中に目が覚めたのです。ベッド脇の時計を見ると、午前四時でした。不思議なことに、私の心は軽くなっていました。リラックスして、おだやかで静かな気持ちで、それまで経験したことのないような安らかさにただ身を任せました。「何も心配することはない」のだと。そして、夢も何も見ずに熟睡しました。七時一五分前に、電話で知らせがあるまでは。

「誠に残念ですが、奥様がお亡くなりになりました。痛みもなく、安らかなご臨終でした。午前四時のことです」

この前日に教会で妻のために祈りが捧げられ、私も夕方に微力ながら祈ったのです。「何も心配することはない」という、あの素晴らしいメッセージを送ってくれたのは誰だったのでしょうか。脳が冒されていた妻が、テレパシーで話しかけてきたのでしょうか。私は、奇跡だったのだと信じています。あのメッセージのリアルさを説明できるような自然の摂理はありません。神は特別に、「私は大丈夫だと夫に伝えてください」という妻の魂の願いを聞き入れてくださったのでしょう。

ベッドルームの天使

天使の体験談の多くが寝室で起きているのは、私たちがいちばんリラックスした状態にあるのが寝室であるということ、そして日常生活の中で睡眠の占める割合がとても大きいことが関係しているのかもしれません。

体験談には、寝具が天使の翼になったというものもあります。モリーン・ヘンリーは、「天使の翼がベッドカバーのようにベッドの上に広がっているのです。翼に抱かれていることを感じました」と書いており、過去何十年、同じ経験を何度もしているそうです。また、夜中ふと起きると、翼のある天使が見えたという人や、エレノア・フィッシャーのように本を読んでいるときに見たという人もいます。「本を置き、電気を消して寝ようと思ったとき、寝室の隅から明るい光がさしこんできたのです。見ると、青と銀と白の混じった服をまとったきれいな若い女性が私に向かってほほえんでいました」

エレノアは、おだやかな気持ちになり、すぐにそれが天使だと直感しました。天使はそれは美しく、色白で、頭のまわりが輝いており、エレノアから六〇センチもしないところに立っていたのです。驚きで身動きもできないまま、数分のあいだ見つめていると、天使の姿はゆっくりと消え、「最後にその笑顔は溶けるように消えてしまった」といいます。そして、身を起こすと、寝室の本棚にたくさんの美しい花が咲き乱れ、素晴らしい香りがしました。エレノアはベッドから飛び起き、部屋の電気をつけましたが、明るくなった部屋には花などなく、香りも消えていたのです。

一〇年ほど前、ドリーン・ロイドは次のような体験をしました。「夜中に目を覚ますと、黒髪に無精ひげを生やした二四歳ぐらいの若い男性が現われたのです。黄、赤、緑の縞模様をしたシュニール地の長い衣を着て、アラブ人のように見えました。その男性は私の心に直接話しかけてから、息子の部屋を通って去りました。恐怖感はありませんでしたが、私は彼がくれたある助言に従いました。また別の夜、目覚めるとアフリカのズールー族の戦士のような姿が現われました。頬には白い絵の具で縦に三本の線が描かれていたので、マオリ族だったのかもしれません。彼もやはり、私が瞑想のときに『トライアングル』を使うのを忘れていることを、心に直接話しかけてきました。すっかり忘れていたので、教えてくれたことに感謝しています」

ジャネット・ニュートンは、次のように綴っています。「天使はそびえるように背が高く、長くゆったりとした服をまとい、翼がありました。夢うつつの状態でベッドに寝ていた私の後ろに立っていたのです。私は癌をわずらっており、当時は化学療法の真っ最中でしたので、とても陰うつな気分でした。信じている宗教は特にありませんが、たくさんの友人が私のために祈り、気遣っていてくれていました。天使はひざまずき、私の唇の少し上のところにキスをしてくれました。そのとき本当に素敵な気持ちになったので、キスをしてくれたのは主人だったのか聞いたのですが、そんな覚えはないといいます」

ジョアン・ハードは、ひどい坐骨神経痛に悩まされていました。「この痛みにくらべたら、出産したときの痛みなんて、たいしたものではありませんでした。そのとき、寝室で天使が二人飛んでいるのを見たのです。それは、グリーティングカードに出てくるような天使そのもので、金髪で、青と金色のローブを着ていました。天使はこういうのです。ベッドから出て、ちょっと跳んでみれば体が浮き上がる。そうしたら支えてあげよう。痛みはなくなるけれど、家族にはもう会えなくなる、と。せかすような様子はなく、私が本当にそうしたいかどうか、聞いてくれたのです。

もちろん断ると、天使は消えてしまいました。錯覚か幻覚だろう、と思いました。でも、考えてみれば、この世には、鉱物から植物、動物、人間、そして上は神（どの宗教であれ）まで、実にさまざまな生命が存在しており、その中で、天使は、人間と神のあいだに存在しているのかな、とも思うのです」

トレイシー・アン・オメラは、次のように書いています。「眠っていたか、瞑想していたかは覚えていませんが、目を開けると、すぐ近くに天使がいたのです。一〇歳の子供ぐらいの大きさでした。銅のような色合いで、翼があり、たて膝をした上に手を置き、床に座っていました。ただそこで、私を見ているのです。おとなしい子供を思わせるような雰囲気で、見ているだけでとても落ち着いた気分になりました。そして数秒後に、消えてしまったのです」

ある日曜日の午後、ジョイ・プラングレーとご主人は、リビングでくつろいでいました。ジョイは、少し昼寝をしようと目を閉じたのですが、なかなか、眠ることができませんでした。


するといきなり、「天使」が現われたのです。外見の印象は薄く、顔も覚えていないのですが、なによりその巨大な翼に圧倒されました。そばにいた主人に、どんなにその翼が立派で美しいか、教えました。とにかく、翼の印象がそれほど強かったのです。そして、現われたときと同じように、天使は忽然と消えてしまったのです。何も恐れることはない

のだという、静かな満たされた気分が後に残りました。

以上の対象者は、翼のある姿の天使を見ていますが、次に紹介する天使は、白い服を着た姿や見知らぬ人の姿で現われています。数カ月前、ポールが目覚めたときのことです。「目の錯覚かもしれませんが、若い女性がベッドの横に立っていたかと思うと、ゆっくりと消えていったのです。あれは一体なんだったのか、そしてなぜそこにいたのか、まったくわかりません」

マクスウェーニー夫人は次のように書いています。「ベッド脇にシスターが立ち、ベッドカバーをなでているのです。私は恐れおののきました。私は母を亡くし、友人が霊媒を紹介してくれたところだったのです。驚いたことに、シスターは、怖がらせて申し訳ないと謝り、自分は守護の天使で、あなたを守るために来たのだ、と教えてくれました。私の身に起こったいくつかのことを考えあわせると、確かにその通りだと信じざるをえないのです」

ジャネットは、一九九七年に天使の訪問を受けたときの様子をこのように綴っています。

長いあいだ、私は深い苦しみを抱えていました。それまで、父が亡くなったときでさえ、感じなかったようなつらさです。人といるときはある程度隠していましたが、家にいるときは一人暮らしなので、心の痛みから気をそらすことができませんでした。

それは、ダイアナ妃が亡くなったばかりのころでした。ふと夜中に目が覚めると、耳の

下あたりで金髪をそろえた、中年の女性がいたのです。頭のまわりは光で輝いていました。そして私を見つめたかと思うと、ゆっくりと消えてしまったのです。横には猫が寝ていたのですが、微動だにしませんでした。

それまではまったく感じたことがなかったような、とてもおだやかな気持ちになりました。恐怖感はありませんでしたが、再びうとうとするまで時間がかかったのを覚えています。また来てくれるように、と願いました。

翌朝になって、はじめてこの出来事についてじっくりと考えました。いまもそうですが、私はずっといろいろな古い家に住んできました。さまざまな人が住み、亡くなったはずですが、こういった経験はこれがはじめてです。

以来、私は以前よりポジティブで、冷静で、ゆったりとした人間になったようです。天使を見たのはこれが最後ですが、何も心配することはないのだ、と天使が教えてくれたのだと思っています。

ジューンは一六歳のとき、ある夜、寝室の窓の外を見ていました。「満月の向こうに、美しい女性が見えたのです。まるで光の玉座にいるように輝き、腕には幼子《おさなご》を抱いてました。それは、翼のない天使だったのです」

リチャード・マローンの体験談は、一九九一年、ニューヨークで管理職として働いているときに起きました。

当時、私は三八歳で、アパートで一人暮らしをしていました。ウォール街の仕事ですから、かなりストレスを抱えていたと思います。とにかく、ある夜、いきなり目が覚めたかと思うと、人影が見えたのです。

足もとの方にいたその何ものかは、黄金の光に包まれ、きらめいていました。何か強い感覚がゆっくりと私の体を走り、つま先や指先にまで伝わりました。それまでまったく経験したことがなかったので、どう表現してよいのかまったくわかりませんが、うっとりとするような感覚を、はっきりと体で感じたのです。

はっとして、目が覚めているかどうか確認しました。性的な感覚ではありません（それより何倍も強かったのです）が、それは何度も起き、そして次第に消えていくと同時に、人影もゆっくりと消えていったのです。

この出来事はとても強いインパクトがありましたが、以来まったく経験していません。精神に影響を及ぼすような薬は飲んだこともありませんし、またお酒を飲んでもいませんでした。ほかにこの経験の原因となるようなことも思いつきません。ちなみに私は、徹底的な不可知論者です。

祈りが届く日

一九八〇年代、バネッサ・リリングストン・プライスは、両親のもとにしばらく住んでいました。両親の家は古い家屋で、その最上階に寝ていたバネッサは、その階にいるといつもなんとなく、いやな気分におそわれたといいます。特に夜寝るのが恐ろしく、どうかお守りください、といつもどおり神に祈ったある夜、祈りの後、彼女は光のカプセルに包まれました。バネッサはその光が何ものをも通さないと確信し、その夜、本当に久しぶりに熟睡できたのです。

次の夜、同じことが起きるようにバネッサは祈りましたが、部屋もベッドのまわりも暗いまま何も変わりませんでした。しかし、少し待つと、何か巨大な存在がベッドに座っているのに気づきました。

目で見えたわけではないのですが、確かに見えたのです（わかっていただけるでしょうか）。その男性の天使は――女性というよりは男性に見えました――兵士のようで、手足は頑強そうでがっしりとした体格をしていました。正確な身長はわかりませんが、部屋いっぱいの圧倒的な存在感で、天使自身が命じでもしなければ、他のものが入る隙もないほどでした。ローマ時代の兵士のような鎧を身にまとい、旧約聖書の英雄サムソンも顔負けの勇ましさなのです。

私はただ恐れ、彼は私に付き合うためにきっとたいへんな戦いを抜けて来てくれたのだろう、と考えました。私は、忙しいところをわざわざ私の「子守《こもり》」をしに来てくれたことに何度も謝ったことを覚えています。それは本当に「子守」と呼ぶのにふさわしかったからです。言葉はかわしませんでしたが、私の考えていることは天使に伝わったはずです。私は答えを待たず、また話しかけてほしくもありませんでした。それほど私の畏怖の念は強かったのです。私はただ布団に突っ伏し、すぐに寝入ってしまいました。

祈りが届いたと感じたのは、バネッサだけではありません。五〇年ほど前、キャサリン・クックも戦士の鎧を着た天使を見ています。

このことは、これまで誰にも、母にさえ、話す気になりませんでした。本当に縮みあがってしまったのですから。それは、一九五〇年頃、ポリオの予防注射ができる前で、ポリオがたいへんな病気だったころです。当時五歳の息子がひどく具合が悪くなり寝込んだときのことです。息子を診にきてくれた医者は、診断がくだせず、一日たてばもう少し詳しいことが分かるだろうから、朝になったら、今晩どんな具合だったか連絡するように、ということでした。

私は取り乱し、カトリック教徒なので、息子がよくなるようにと、ひざまづいて、必死に祈り続けました。すると、金と白の鎧のようなものを身につけた天使が見えたのです。頭の兜もよく覚えています。それは金色で、ちょうどアイスホッケーの選手がかぶるヘルメットに似ていました。息子の症状は回復し、幸いポリオではないことがわかりました。

私はいまだにこの体験について他の人に話すことができません。でもあなたの記事で、同じような姿の天使を見たという女性の話を読み、あのときの私と同じように悩んでいる人を勇気づけられればと思い、ペンを取ったのです。

ジーン・ヘスは、小さいころ、お姉さんと四柱式のベッドに寝ていました。

二人とも暗いところが苦手だったので、水を張ったお皿に小さいロウソクをたてて、ベッドの右側の小さいテーブルの上に置いていました。それでも、ロウソクの炎でバスケットや棚の飾りの影が壁にゆらめく様子におびえ、怖さを紛らわせるために、よくこのような聖歌を歌ったものです。

「主よ／こよいも／み翼もて／覆い守りませ／暁まで」

ある夜、いつものように歌った後、どうしても振り向かねば、という気持ちにかられました。そして振り向くと、ベッドの柵に女の子の天使が二人座っていたのです。一人は長く波打つような髪で、もう一人は肩までぐらいの長さの髪をしていました（私たちは短い

「おかっぱ」でした)。そしてその翼は、まるで私たちを守るように広げられていました。私は、とても安らかで幸せな気持ちになり、「天使が来たわよ」と姉に教えました。姉も私も、驚きはしませんでした。私たちの祈りがかなえられ、天使がきてくれたのですから。そして、私たちは安心して眠りにつきました。天使がもっと大きく光り輝いていたら、おののいていたのかもしれません。

翌朝、このことについて母に話すと、夢でも見たのだろうといわれました。でも二人そろって同じ夢を見ることなんてできないでしょう。姉は今年七五歳で、私は七三歳ですが、姉もあの夜のことをまだはっきりと覚えています。部屋には右側に小さなロウソクの光があるだけだったのに、天使の姿は、はっきりと見えたのですよ。

一九五三年、ジーン・カーはザンジバルの港の近くの、アフリカとアラブ様式の混ざった家に住んでいました。ご主人は病気で、地元の病院に入院していたので、ジーンはまだ幼い子供二人と家にいました。「半径一キロ以内に、他のヨーロッパ系の人は住んでいませんでした。私は、子供を守らなければという責任感で生きた心地がしませんでした。戸外にはアラブ人の船員が、むしろにくるまって寝ていたのです。どうかこの不安を取り除いてください、と必死で祈ったものです。ある夜、蚊帳《かや》を通して、ベッドの端の方に白い姿が見えました。恐怖感はなく、いいようもない静けさとオーラが部屋にみなぎるのを感じました。その夜だけでなく、主人が退院して帰るまで、神が私たちを守るために天使か使者を遣わされた、とわかったのです。あのときの安らかな気持ちは忘れられません。畏敬の念をもって、守護天使はいるのだと心から信じています」

ヘッジ氏の体験談は、他のエピソードと少し異なっており、兄と二人で、父の姿をした天使を見ています。当時、父親は遠方に出かけていましたが健在だったので、幽霊ではありません。

先の大戦中ですから、五〇年以上も前のことでしょうか。私は六歳か七歳で、二つ上の兄といつもお祈りを唱えたものです。あるお祈りには、「み翼もて覆い守りませ」という一節がありました。ある夜、いたずらをして母にひどくお尻をたたかれたときのことです。もう寝なさい、と子供部屋に追い払われ、これでもかというぐらいに泣き続けました。そのとき私は、ああ、お父さんがいたらいいのに、と心から願ったのです。すると、いきなり部屋のドアが開き、父が入ってきて、大丈夫だから泣かないで寝なさい、となだめてくれました。

父の姿を見て、私たちはすっかり安心し、眠りにつくことができました。翌朝起きると、急いでリビングに行って父の姿を探しました。母に、父はどこにいるのか聞くと、海軍の任務でまだ海に出たままでしょう、とあしらわれました。父に会えるのは任務が休暇のときだけでしたが、あの夜、部屋にいたのは確かに父以外の誰でもなかったのです。家には他の男性はいませんでしたし、父の姿を見間違えるわけがありません。

この出来事は鮮やかな記憶として残っています。あれは、私たちを慰めにやってきた守護天使だったのだと思います。まばゆい光に包まれていたり、ゆったりとした衣をまとっているわけではありませんでしたが、ただ安らかさと、静けさと、幸せを感じました。あれは天使以外の何ものでもないでしょう。

エリザベス・サディックの母も同じような出来事を経験しました。

母は、父が亡くなってから、海辺のバンガローに住んでいました。七〇代後半の母は孤独で、英国教会の信者でしたが、教会には行っていませんでした。当時、私の夫は海に出ていました。

ある日、深夜に母から、気分が悪い、どうしよう、と電話があったのです。私は、心配しないようにとできるだけ励まし、医者に電話するよう勧めました。私自身もまわりには電話できるような人もいませんでしたし、どうすればいいか、わからなかったのです。私は運転できないので、タクシーを呼ぼうかとも考えましたが、母の家までは二時間半ほどかかるので、やめました。助けるすべがないことに途方に暮れ、私自身も怖くなって、ひざまづき、祈り続けました。そして、以前少しかじった東洋の瞑想テクニックを試してみるうちに、いつしか眠りについてしまいました。

翌日の早朝、少し気分がよくなったと母から電話があり、「昨晩は来てくれてありがとう。ところで、ドアは三つとも中から鍵がかかっていたけれど、どうやって家を出たの？」というのです。私は驚愕し、ありがたい気持ちでいっぱいになりました。そして、近くの教会に驚きでふるえる足どりでたどり着き、感謝の寄付をしたのです。

子供部屋の天使

ビードル夫人は子供のころ、夜中に天使を見たのを覚えています。

なぜ私に天使が見えたのか、今日までその理由はわかりません。もしかしたら、天使が話題に出たときのためや、あるいは、あなたの研究の一助となるためだったのかもしれません。

なぜあのとき目が覚めたのでしょうか。その夜は月が明るかったので部屋も真っ暗ではありませんでした。黄金色にきらめく天使がベッドの横に立ち、ヘッドボードの方を向いていたのです。

私が見つめる中、手を胸の下あたりで組み合わせて、ただそこに立っていたのです。私がさわろうと伸ばした手は、天使の体を突き抜けてしまいました。夢かと思い、布団を頭からかぶり、しばらくしてまたのぞいてみると、まだそこに微動だにせずいるのです。

怖くはありませんでしたが、また布団の下にもぐり、そしてまたのぞくと、今度はいなくなっていました。おそらく五分ほどの出来事だったと思います。恐怖感はまったくありませんでした。

それは、子供のときから毎晩祈りを捧げ、村のメソジスト教会の日曜学校で学び、聖書を読んで、天使が出現するキリスト誕生の場面などに親しんできたおかげだと思います。

子供のときに天使を見て布団の下にもぐるのは、対象者に共通した傾向のようです。一九四〇年前後、マルコム・レウェンドンが七～八歳のとき、マルコムは両親と妹と一緒のベッドで寝ていました。戦時中で、部屋がひとつしかなかったのです。

生後一〇カ月だった妹のアンは、胸膜炎と肺炎をわずらっていました。ある夜、ふと目覚めると、足もとの方に白い衣を着た天使が腕を伸ばしていたのです。私は、天使がいる、と叫びましたが、母は寝なさい、といっただけでした。怖くて仕方がなかったので、私は布団を頭からかぶりました。妹はその後回復し、今日まですこやかに暮らしています。天使は何か目的があって来てくれたのかもしれません。

パトリシア・ポッターの母親は、恋人が戦争に行っていたある夜、床につこうとしていました。

第一次世界大戦当時、まだ母が若いころ、母はニューポートの埠頭で船の仕事をしていたのです。夜は早めに床につき、本を読み、チョコレートを食べて寝る習慣になっていました。ある夜、いつも通り、そうしている最中に、ふと部屋の片隅をみると、天使が母を見つめていたのです。それは大人の天使でした。母は大変怖くなり、布団を頭からかぶってしまいました。

次の日、母親（私の祖母）にその話をしたら、馬鹿なことをいうものではない、夢でも見たんでしょう、とあしらわれたそうです。そしてまたその夜、ベッドに寝ていると天使が足もとの方に立ち、また母を見つめたのでした。次の夜は、家族が寝てしまうまで、怖くて寝室に行けなかったといいます。

数日後、ベッドで新聞を読んでいた祖母が突然、「たいへんよ。ブラックプリンス号がユトランド戦で撃沈されたわ」といったのです。母の恋人は、ブラックプリンス号に乗っていた海兵でした。彼は亡くなってしまったのです。

母は、天使が警告のために来てくれたのでは、と考えています。このときの話を、母は決して忘れられないだろう、といっています。

第二次世界大戦のとき、ジム・ジレスと母が、近所の家に遊びにいって泊まった夜のことです。

それは確か私が一二歳のとき、ロンドン大空襲が始まったころでした。その夜、そろそろ寝ようというときに、何ものかの気配に気づきました。部屋のドアが開いていたので、廊下の方を見ると、ほのかに明るくなっています。そして次の瞬間、光り輝く頭光をたたえた美しい若い女性が見えたのです。たいまつのようなものを手にしていました。四～五秒ほど経つと、光とともに消えてしまいました。そのあと、いったいあれは何だったのか思いをめぐらせ、しばらく寝付かれませんでした。でもこの女性のおかげで、とても心静かになったのです。

翌日、母にこのことを話すと、母は近くのスピリチュアルな集会に行って話しました。すると、それは素晴らしいビジョンで、私と家族が戦争を無事に乗り越えることを意味するのだ、といわれました。父はロンドンで消防士をしており、何度も危ない目に遭ったのですが、両親も私も戦時中の六年間、まったく無傷だったのです。

私はいま六九歳ですが、あのとき見たのは守護天使だったとずっと信じています。実に忘れられないような経験だったのです。

リン・プラットリーが、六歳のころ、夜中に目を覚ましたときのことです。「部屋のすみにいる何ものかから発する白い光が、部屋をいっぱいにしていました。その何ものかは真っ白で、男とも女ともわからず、天井に届くほどの背丈で、翼を閉じてローブを着ていました」

天使は私を直視するのではなく、下の方を見て、腕をわきにおろしていました。昨日のことのようにはっきりと覚えています。私はただ、驚いて天使を見つめていました。その姿はとても美しく、ロセッティの絵画「我は主のはしためなり」の中の天使を思わせました。

なぜ天使が私を選んでくれたのかはわかりません。病気だったわけでも、何か問題を抱えていたわけでもありませんから。恐怖感は感じませんでした。ただ、本当に素敵な出来事だったのです。

その後、二晩続けて、眠りにつく前に白い炎がひとつ現われ、ベッドの上をふわふわと漂ったのですが、それはあまり気持ちのよいものではありませんでした。天使を見たのはこのときだけでしたので、やはり守護天使だったのでしょう。家族や友人に天使の話をしましたが、誰一人として馬鹿にする人はいませんでした。

ルイース・リンドンは、三歳のときの経験を次のように語っています。

あの光景は、まるで昨日のことのように覚えています。夜もふけて、両親はもう寝ていました。ふと目が覚めると、天使のような人影がロッキングチェアに座っていたのです。なぜだか知りませんが、男性だとすぐにわかりました。

古代ローマの人が着ていたようなゆったりとした白い服を着て、大きな翼と頭光がみえました。目がくらむような白い光できらめき、その光は部屋全体を照らしています。顔は見えませんでしたが、おそらく三〇秒ほどいたでしょうか。手には手紙を持っていましたが、それが何だったのか、いまでもわかりません。

怖いとは思いませんでしたが、壁をたたき、隣の部屋に寝ている両親に知らせました。やってきた母がドアを開けると、部屋はまた真っ暗闇に戻り、天使は消えてしまいました。実は母もこの夜のことを覚えているのです。三歳だった私が、「頭のまわりに光のある男の人がいたの」といったそうです。

いまでも、細かい部分までよく思い出すことができるのですが、わずか三歳だったということを考えると、不思議な話です。それ以来、何も見ることはありません。でも、自分は見守られているのだという安心感にいつも包まれています。ずいぶん年月がたった現在でも、あの夜なぜ天使が現われ、手紙を握っていたのか、考えることがあります。

あたたかな光に包まれて

天使のビジョンには光が共通して見られています。天使が光に包まれている場合や、光自体が天使だと解釈される場合もあります。光にまつわる体験談では、どれも夜中に光が見られています。暗い部屋で見る光は、さらにインパクトがあることは疑いようもありません。

ある若い兵士は、ドイツに駐留していたときの体験談を寄せています。ある夜、ベッドで寝ていたときのことです。「光の玉が二つ現われ、ベッドの上に浮いていました。そして８の字を描くように動き回っていたかと思うと、数分後、その光の玉は天使になったのです」天使は彼を見下ろしてほほえみ、ゆっくりと消えたそうです。この経験で、この兵士は自分が一人ぼっちではなく、何も恐れることはないのだと、安心したといいます。

また、光だけを目撃したエピソードもあります。クリス・ホプキンスは次のように書いています。

二〜三年前のことです。仕事でストレスを抱えていた時期で、仕事の悩みが頭を離れず、夜中に何度も目を覚ます日が続いていました。ベッド脇に小さな新約聖書を置き、行き詰ったときに、聖書の言葉に安らぎを求めてページを繰ることもありました。

ストレスでくたくただったそんなある夜、ベッドで横になり、救いを求めて神に祈りを捧げていました。すると、まばゆいばかりの光が部屋に入ってきました。まぶたを閉じていても感じるほどのまぶしさです。おそらく、数秒間のことだったと思います。そして、信じられないようなあたたかさと落ち着きを感じました。その夜は、心の重荷は消え、ぐっすりと眠ることができました。

その後、教会に行かなければならないと考えたり、宗教心がさらに強くなったということもありませんが、とにかく、あの夜起きたのは、特別な出来事だったのです。

アブリルは次のような体験をしました。

人が危機に瀕したとき、天使が現われるというのは本当です。少なくとも私にとっては。あの日までの私の人生は、ひどいものでした。小さいころから親に虐待され、結婚してからも夫にさらにひどい暴力を受けていたのです。私には大切なかわいいわが子が五人いましたが、状況はひどくなるばかりでした。そして現実から逃避しようと酒びたりになり、一〇年間もアル中から抜け出せず、子供から引き離されてしまったのです。

子供たちに会いたくてたまらなかったので、私はＡＡ（断酒会）に参加して禁酒に成功し、一年間、お酒だけでなく、ドラッグもまったくやりませんでした。ですから、天使を見たときは、そういったものの影響はまったくなかったのだと、はっきりお伝えしておきます。確かに子供たちに会えないのがつらくて、精神的には、めちゃめちゃでしたが。

そんなある夜、なかなか寝付かれずに寝返りばかりうったあげく、やっと浅い眠りにつきました。どれぐらい眠ったのかはわかりませんが、足をくすぐられたような感覚で急にはっきりと目覚めたのです。飛び起きると、足もとに光でできた影が二つ見えました。顔は、はっきりわかりませんでしたが、形と大きさは人間のようにも見えました。片方の影の方がやや大きかったと思います。つまり、人間の形をした光というか、オーラのようなものだったのです。

私はただ呆然とし、まるで永遠に時が止まってしまったようでした。どれぐらい見つめていたのか、記憶にありません。ようやく、いったいこれは何だろうという疑問が頭に浮かんだとき、大きい方の光が小さい方に「見えたようだ」といったのが私の心の中に伝わってきました。まるで目的は果たせた、とでもいうように。そして大きい方が、私に触れるつもりなのかこちらに寄ってきたところで、私は枕に顔をうずめ、そのまま翌日の昼間までぐっすりと寝てしまったのです。

目を覚ますと、それまでのつらい人生ではまったく経験したことのなかった、おだやかな喜びと安らぎを覚えました。あのときの気持ちをどう説明すればいいかわからないのですが、もう何も心配することはないのだという実感がわいたのです。そして、その通り、その後の人生はすべてうまくいっているのです。

アブリルは次のように付け加えています。「この種の体験を引き起こすとされる心理学の説をいくつも聞きましたが、どれも私にはあてはまりません。たとえば、この体験の前に天使の姿を描くようにいわれたら、翼のある男性か女性で、慈悲の笑みをたたえた、神々しい天使の姿を描いていたでしょう。手は祈るように組まれ、そのまなざしは天を見上げているような構図で。ですから、よもや『光』だとは絶対に思いもつかないはずです」

ジョン・ウィリアムスは、一九九六年一月に奥さんが亡くなってからというもの不眠症になり、まんじりともしない夜が続きました。そんなある夜のことです。「天井に、やわらかい白い光の集まりが見えたのです」

はじめは、おそらく外の街灯が部屋にさしこんでいるのだろうと考えましたが、街灯の光は琥珀色だということに気づきました。その上カーテンをしっかり閉めてもその光は消えないのです。

毎晩見えたわけではありませんでしたが。一九九七年二月二三日の日曜日まで、それが天使だとは考えていませんでした。でもその日曜日の夜中に目覚めると、頭上に、きらめくようなエネルギーを放つ楕円形の白い光が浮かんでいたのです。どれぐらいそうやって浮かんでいたのか、わかりません。

この日以来、光の集まりはときどきやってくるだけになりました。光の様子は、このような感じでした（ジョンはここにS字型に並び、だんだん小さくなっていく円の図を描いています）。

エリザベス・ポッターは、義理の兄が急死した後、何日も眠れない夜を過ごしました。ご主人が外国にいたので、一人で不安にかられていたのです。

まんじりともしないでいると、ふとまぶしい光が部屋じゅうを照らしているのを感じました。私はとてもおだやかな安らいだ気持ちになりました。もう何も心配することはないのだ、と実感したのを覚えています。不安は消え去り、心からほっとした気分でした。その後何年にも渡り、ストレスや不安、幻覚、夢など、この出来事を論理的に説明しようと考えてきましたが、そのどれもあてはまらないと思います。

リー・リチャードソン神父の体験談は、神父になろうと修業をしている時期に起きました。まず教区の聖職試験に合格し、次は三日間続く管区聖職試験の準備をしていた三カ月のあいだ、何ものかの「訪問」を幾度となく受けたのです。「それは窓から入ってきて、頭の上を飛んだかと思うと、窓の方へ行き、消えるのです。ぼおっとした光としかいいようのない物体でした。その光を見るときは、完全に目が覚めていたわけではないと思うのですが、私のおびえをやわらげ、集中力を高めてくれたのです。

聖職試験の後、その訪問がやんでしまったある夜のことです（試験に合格し、次のステップへの推薦状を受け取る前夜でした）。いつもと同じように、光が窓から入ってきたのですが、このときは、これが最後だとでもいうような雰囲気を漂わせていました。『この道のりを見届けるという私の役目は終わった。もう手助けは入らないだろう』とでもいうように。そして、窓から出て行くかわりに、その場で消えてしまったのです。それ以来、その光を見ることは一度もありません」

リチャードソン神父自身が書いているように、この経験が起きたのは半覚醒状態のときです。それでも、こんな役割を果たしてくれました。「気持ちを落ち着かせてくれた上、教職をやめて聖職に就こうという選択は正しかったのだという自信をつけてくれました。あれは、試練を乗り越えようとする私を励ましてくれた守護天使だったのだと考えています」

けっきょくのところ、このような「まどろみの体験談」は、体験者が完全な覚醒状態にあろうと、あるいはそうとは気づかずに意識が混濁した状態にあろうと、すべて本質的には同じなのです。

第一一章　そこに天使がいます

ふと上を見ました。すると、身廊や祭壇の上が天使でいっぱいだったのです。天井の垂木の上までぎっしりと埋め尽くされ、影が重なって見えるものもありました。天使の白い衣はろうそくの光で金色に染まり、翼も金色で縁取られていました。

天使の体験談のほとんどは、寝室や病院、死の前後、事故の前後などに起きており、大きくひとつにまとめられるといってもよいでしょう。一方、本章で紹介するエピソードは、はっきりとしたきっかけや理由もなく起きています。ここに登場する天使は、誰かを救ったり、特別なメッセージを送ったり、手助けすることもなく、ふいに姿を現しただけなのですが、やはり体験者にとっては、強烈な忘れられないエピソードとなっています。ポール・スペンスは次のように綴っています。

記事を大変興味深く読ませていただきました。天使の遭遇談について読むのは今回がはじめてなのですが、私は五歳か六歳のころ、同じような経験をしています。

もちろん、そのときは自分が何を見たのか、理解できませんでした。その日は、学芸会だったので、妖精などの衣装を着た子供たちと一緒に、二つの人影がドアの狭い隙間から入ってきて、会場右側の通路を通り舞台に上がっていくのを見ても、何の違和感も感じなかったのです。私は低学年だったので、前の方で床に座っていました。ですから、白くて長いネグリジェを着た女性が赤ちゃんを抱っこしたまま、舞台奥の、こちらを向いた椅子に座ったのがはっきり見えたのです。一緒についてきた少女も、母親と同じような服を着ており、手を合わせ、ひざまずき、お祈りをしている様子でした。少女は一〇歳から一二歳ぐらいだったでしょうか。

ひとつだけ変に思ったのは、普通の黒い靴を脱ぎ、脇にきちんとそろえて置いたとき、靴下もタイツもはいていなかったことでした。その白い翼の美しさに私はうっとりしました。他の女の子たちの着ている妖精の衣装には、セロファンでできた翼がついていたのですが、それとは比べものにならないぐらい見事な翼だったからです。まるで本物の白鳥の翼のように、白い一本一本の羽根が生えていて、いまでもその見事な様子は忘れられません。隣の男の子をつついて教えたのですが、反応はありませんでした。もしかしたら、その子には何も見えなかったのかもしれません。

その後、今日まで、同じような姿を見かけたことはありません。私の見たものが何だったのか、そしてあの人影が劇の登場人物などではなかったということに気づいたのは、何年も後のことでした。私は今年七〇歳になりますが、幽霊やらポルターガイストやら、くだらない超常現象の類《たぐい》はまったく信じていません。

リンダ・バートンも少女時代に天使を見ています。「一九五二年から一九六五年ぐらいまでのことでしょうか。ロンドンの南東にあるビクトリア調の屋敷に住んでいました。ある日、玄関ホールで遊んでいてふと階段を見上げたとき、白い人影を見かけました。幽霊のような不気味な雰囲気は漂っておらず、おだやかな様子だったのです。怖いという気持ちはまったくなく、私はただ見つめ、天使に違いない、と考えて遊びに戻りました」

ほかには、アン・マリー・フェーロンの経験のように、やや地味なものもあるようです。一九七九年、ブリストルに七歳の息子さんと住んでいたときのことでした。

息子の学校は、むかし教会だった建物を使っていました。その日、息子と私が、学校の門の外に立っていたときのことです。脇の細い道の方にふと目をやったところ、何かが見えると感じる前に「あらまあ、天使だわ！」という自分の声が聞こえました。そしてやっと視点が定まった次の瞬間、何の変哲もない人が現われました。

近づいてきたその人は、少ししわの寄ったグレーのスーツを着た中年男性だったのですが、私とすれ違ったときに、天使のような笑顔でこちらを見たのです。それはまるで「ああ、あなたにはわかったのですね。でも、誰もがわかるわけではないのですよ」といっているような笑顔でした。そして、そのまま去ってしまったのです。

私の体験談はまったくドラマチックではありませんし、信じてさえもらえないかもしれません。でも、普段はかなり落ち着きのある理論的な人間の私が、「あら、天使だわ！」と口走るというのは、普段の自分からまったくかけ離れた行動です。ストレスを抱えていたり、危険な状況にいたわけでもありません。本当にさりげない出来事だったのです。その天使は特別に私に遣わされたというわけではなく、何か他の用事に出かける途中、私とたまたますれ違った、といった感じでした。

きらめく光・まばゆい光

これまでの章で見てきたように、体験者が光だけを見て天使だと解釈したエピソードもあります。ダンカン・デール・エンバートンは、次のような経験をしました。「二〇代後半で、わりに健康だったときです。ただし一九六〇年に胸部の大手術をしており、そのときには、何カ月も入院し、助かる見込みはほとんどないといわれ、英国海軍から、身体障害退役軍人の認定を受けていました。これから書くことについては、誰にも話したことはありません。お教えするのは、あなたが神学の研究をされているからです。私は冷静で現実的なクリスチャンで、いわゆる欽定英訳聖書やクランマー聖書、昔ながらのA&Mの聖歌集などで育ち、深く静かな信仰を持ち、他の宗教も受け入れることのできる人間です」

日が短くなり、もう薄暗くなっていたある夕方、閑静な通りにあるオフィスを出て、長い歩道を歩いていました。すると、いきなり光が見えました。目がくらむほどではありませんでしたが、それは強い光で、建物の上に向かって立ちのぼっているようでした。その場所を中心に、何か巨大な力が放出されているのを感じました。まわりには人がいましたが、誰も気づいた人はいないようでした。しかし、私はその光から「解かれる」まで、動くことができなかったのです。

そのときも、いまでも、あれは超自然的な何かだったのだと確信しています。それで私はひどく動転したのです（以前ボクシングやラグビーをしていた私は、簡単にショックを受けるような人間ではありません）。このような超常現象について考えたことは、それまで、まったくありませんでした。

そしてもう一回、不思議な体験をしたことがあります。休暇でドーセットにある別荘に行き、ドーチェスターのホーリー・トリニティーの教会を見学していたときのことです。当時この教会は、英国教会でした。聖書台に近づくと、父の存在を強く感じたのです。父は一九五一年、私が九歳のとき、三六歳で亡くなりました。それから長い年月が経っていましたが、その日そこにいたのは、確かに父だったのです。父は生前、教会で聖書朗読の奉仕をしていました。私たち兄弟に物心がつき、礼拝にまだ出たいかどうか聞かれたとき、私は引き続き礼拝に行くことを選んだという経緯があるのです。

アラン・ジェームス・ホールは、私の研究についての記事に興味をひかれ、こう手紙をはじめています。「ノーサンバーランド州で大みそかに見た、不思議なものを思い出しました」

その日は近くの丘で、友人のピーター・ウェルズと、そり遊びに興じていました。雪が降り、日も暮れていたので空は暗かったです。私の妻とピーターの彼女は、家に残っていました。ピーターと私が、ちょうど丘のてっぺんまでもどり、また滑り降りようとしていたとき、明るい金色の光が林の上に現われたのです。

はじめは、ただ何だろう、と不思議に思い、ヘリコプターのようなものでは、と考えました。しかし、すぐに、いままで見たこともないような正体不明の物体だと気がついたのです。そもそもそれは、何の音もさせておらず、大きさは大型バスぐらいだったでしょうか。怖くはありませんでしたが、畏怖の念を覚えました。その金色の光は人が歩くのと同じようなペースで動いており、後ろの木のちょうどてっぺんあたりの高さにいることがわかりました。

もっとよく見ようと、ぼたん雪のなかを走って近くまで行きました。七〇メートルぐらいまで近づいたころでしょうか、光は動きを弱め、ほとんど止まっているようでした。雪のせいではっきりとは見えなかったのですが、光は中まで透明で、はっきりとした形はなく、動いていないのに彗星のようなしっぽがありました。ピカピカとまたたくこともなく、一定した発光でした。もう少しうまい説明ができるといいのですが、それができないことをお詫びします……。

でも、とにかくその正体が何であれ、何にもたとえようがないほど異質なものだったのです。数分後、光は動きはじめたので、私たちは追いかけて道路の方に出ました。少しのあいだ高度を低めたかと思うと、見失ってしまいました。私たちは、光よりも高い丘にいたにもかかわらず。とにかく、あまりにもはっきりと見えたので、当然ほかにも目撃者がいるに違いない、テレビのニュース速報で報道されるだろう、と家に急いで戻りました。世界がひっくりかえるような出来事だったのですから。

家に着くと、妻とピーターの彼女はすでにニュースを見ていました。トップニュースは、飛行機の乗務員と乗客が「光」を見たというものでした。それはニュージーランドでの目撃情報でしたが、他にもいろいろなところで目撃されていたことが後日わかりました。翌日の地方紙では、私たちの見たあの光のニュースが取り上げられ、目撃者には警察官も含まれていました。当然といえば当然ですが、UFOだろう、と記事は結ばれていました。

でも私には、それがUFOのような機械的な物体だとは思えませんでした。何か、生命体の「からだ」に思えてならなかったのです。とにかくそれが何であれ、目撃できたことはとても幸運だったと思います。私自身はそれが天使だったと考えているのですが、狂信的に宗教を信じているわけではありません。それに、その物体は私たちにはまったく興味がなさそうでした。

ジョアン・プリチャードは、一九四七年の秋、教師をしていたときに、光の球体を見ています。

友人と下宿していたときのことです。床についた後、三～四回ほど、天井近く、頭上の左側に光の玉が見えました。何か尋常なものではないと感じ、一度布団をかぶってから、まだいるかどうか、のぞいてみました。窓はベッドの左側にあるので、光が反射したのではないと思います。この世のものではないと確信しました。恐怖感はありませんでしたが、どう解釈するべきなのかもわかりませんでした。覚えている限りでは、あのような光はあれ以来、見ていません。

キャロリン・ロジャースは、球体ではなく三角形の、はためく光を見ました。

昨年の一〇月、学校が中休みに入った土曜日の夜遅く、うちの猫を家に入れようとテラスに通じる裏口を出ました。すると、テラスの右側の方で、無数の光が上下に動いているのが見えました。はじめは、近くのナイトクラブから照らされている新しいタイプのレーザー照明だと思い、家の中に入りました。上に上がって寝る前に、もう一度見てみると、レーザー照明などではなく、天使の群れだということに気づいたのです。それはこの上ない経験で、とてつもない畏怖の念と興奮を覚えました。

正確な数はよくわかりませんが、おそらく三〇はいたでしょうか。どれも同じ形をしており、透き通るような白で、三角形をしていました。ほうきの柄ほどの太さと長さの白い棒状の何かでつながり、対になっているものもありました。すべてまったく同じ形で、三〇分ほどそこにいたでしょうか。天使たちのあいだは等間隔で、水平方向には動かず、上下に優しく揺れていました。この経験にどういう意味があるのか、なぜこの私に見せてくれているのか、しばらく考え、祈りのパートナーのノリーンに話すことにしました。

ノリーンのところにはお孫さんが休みを利用して滞在していたので、みんなでどこかへ出かけようということになりました。子供たちが他のことで夢中なときに、ためらいながら、まず天使について一般的な話をはじめました。そして、少しとまどいましたが、気がつくと土曜日に見た光景について、一気に話していました。すると驚いたことに、うちからは離れた方向に住んでいるにもかかわらず、ノリーンも同じ天使の集団を見たというのです。夜の一一時から一二時ぐらいと、時間も同じぐらいのときでした。彼女の家から見える聖ジュード教会の尖塔の上に浮かんでいたそうです。私たちの出した結論は、神が教会の上空にも、うちの上空にも、その栄光といつくしみを平等にもたらしてくださっている、という、じきじきのお告げだろう、ということです。

クリスマスの奇跡

ノリーンのような教会での目撃談は多数寄せられており、特に礼拝の途中や、教会の中で起きることが多いようです。ディーナ・ブライアント・ダンカンは、あるクリスマスの日、次のような経験をしました。

ハーフォードシアの聖オルバン大聖堂で行なわれる「九つの日課」礼拝に、六人のグループで行きました。大変人気の高い礼拝で、整理券が発行されたのですが、それでも六人一緒に座るためには三〇分ほど外で列に並ばなければいけませんでした。

この礼拝は、いっさい照明を使わず、キャンドルの灯のもとで行なわれるのです。まず、席の端にいる人が、身廊を行くキャンドルサービスから火を灯してもらい、それを隣の人のキャンドルに移していきます。こうやって、礼拝に集まったおよそ二〇〇〇人分のキャンドルに、ともしびが行き渡ると、その明かりの中でクリスマス・キャロルを歌うのです。この礼拝は一年のハイライトのひとつで私はいつも楽しみにしていました。五カ月前に今の家に引っ越すまで、私はこの教会内の組織の活発なメンバーをしていたのです。
聖書の朗読を聞き、キャロルを歌っていたとき、ふと上を見ました。すると、身廊や祭壇の上が天使でいっぱいだったのです。天井の垂木の上までぎっしりと埋め尽くされ、影が重なって見えるものもありました。天使の白い衣はろうそくの光で金色に染まり、翼も金色で縁取られていました。天使はみな、静かにキャロルと聖歌隊の合唱に聞きいっているのです。
さらに、亡くなった人たちが、むかし修道士が座った古い腰かけの上や窓台や彫刻の上に立っていました。見覚えのある顔も多くあり、みな、喜びに満ちた顔でほほえんでいたのです。私は感動と感謝の念で圧倒されるような思いでした。本当に、最高のクリスマスでした。礼拝後のパーティで他の人に話したところ、誰もそれを見なかったということでしたが、みな私の話を信じてくれました。

モニカ・デビーはあるとき二人の天使を見て、そのうち一人をまた別の日に見ています。どちらの体験談もケンブリッジシアの教会で起きました。

九〇年代半ば、新しい教会を建てていたときのことです。正式な奉献礼拝の翌日、当時の牧師と他の何人かが、その建物に宿る、多くの苦しみの念を感じていました。教会の完成を阻《はば》むような出来事がたくさん起きていたのです（工事は予算が出るにしたがって徐々に進められていました）。

そこである日曜日の朝早くから、小さなグループで祈ろうということになりました。祈りが終わりに近づいたころ、聖餐台の後ろに天使が二人いたのです。それはまったく素晴らしい光景でした。背丈は少なくとも二メートル半はあり、一人は翼を広げ、もう一人は翼を閉じ、頭を垂れていました。一人は「光の天使」で、もう一人は「高潔の天使」でした。そして一人はその後も教会に留まったのです。

数カ月後の夏、ある日曜日の朝の礼拝のときです。私は音楽隊にいたので定位置に座り、牧師様の説教を聞いていました。素晴らしいお天気で、日の光が牧師様に注がれていました。するとあの天使が現われ、牧師様の後ろに立ったのです。

後で、この日、教会をはじめて訪れた人が、やはり礼拝のあいだに天使の羽音が聞こえたと牧師様にいったそうなのです。私の横に座っていた牧師様の奥様も何かあったことに気づき、なんでしょうと私に聞いてこられたので、私は天使のことを教えました。

デレックは、ミサに参列するたびに天使を見るという体験を電話で話してくれました。オーソドックス・カトリック教徒なので、ひんぱんに礼拝に行っていますが、ミサのあいだ、特に聖変化の最中に「聖壇の上をたくさんの天使が飛んでいる」のが見えるといいます。残念ながら、この経験について詳しく話すことはできないとデレックはいいます。話を打ち明けた数少ない人の中には神父も含まれていましたが、例外なくからかわれたため、すべてを話すのはいやだということです。

ウェンディ・ローデイは、一九四〇年代後半から五〇年代半ばまで、グラモーガンの小さな村に住んでいました。八歳のころ天使を見たことを覚えているといいます。その村は八軒ほどしか家がなかったので、教会に来る人も少なかったのですが、ウェンディは家族が教会に行かない日も足を運んでいました。

村にはお店がありませんでしたが、ダーストンさんが家にお菓子やタバコをたくさん買いだめしていたので、父がときどき私を使いにやっていました。ある日の夕方、もう薄暗くなっていたときのことです。使いの途中で教会の前を通ると、道に面したアーチ型の窓からほのかな光がまたたいているのが見えました。

はじめは、教会番のマシューお婆さんだと思ったのです。すると、長い翼を持った、まるで絵の中の天使のような影が窓に映るのが見えました。翼はゆっくりと動いていました。教会の中には天使がいたのです。天使のまわりは、背景よりも少し明るい光で包まれていました。背景の光はオイルランプかガスランプのようで、電気のような明るさではなく、ぼんやりとゆらめいていました。

私はすぐにダーストンさんの家に駆け込み、「教会に天使がいるのよ」と教えると、ダーストンさんは、マシューお婆さんに違いないよ、とほほえみました。そこで私はダーストンさんに見てほしいと、外に引っ張り出したのです。ほんの数メートル先の教会まで行ってみると、中は真っ暗で、人がいる様子はまったくありませんでした。そのとき、マシューお婆さんはダーストンさんの家の隣にある自宅にいて、教会にはいなかったのです。

この出来事を忘れたことはありません。いまでは教会にもめったに行かなくなってしまいましたが、あのときのような無垢な気持ちと信仰が今でもあれば、と思います。あれが本物の天使であれ、想像の産物であれ（私は本物だと信じていますが）、あのような体験ができたことはとても幸運だったと思うのです。

私の体験談に、大人は優しくほほえむだけでしたが、あの村を訪ねて窓を見るたびに、いまだに私の心は躍るのです。

第一二章　天使が教えてくれたこと

これまで、さまざまな体験談を紹介し、どのような状況や場所で体験者が天使に遭遇しているかを見てきました。本章では、このプロジェクトでわかったことをまとめてみましょう。

天使の遭遇談を追っていくなかで、いろいろな問いかけが浮かんできます。たとえば、体験者はみな宗教心の強い人なのでしょうか。そうでない場合は、体験により信仰心を持つようになったのでしょうか。また、体験者はどの年齢層に多いのでしょうか。女性の方が男性より多いのでしょうか。危機に瀕したり、導きを求めたり、特定の場所（寝室など）で起きるなど、体験談にはタイプによって何か共通した特徴があるのでしょうか。天使の外見はどんなもので、Ｅ・Ｂ・タイラーの『原始文化』にあるように、それは既成概念やメディアがつくったイメージに影響されたり、あるいは育った文化の影響を受けるのでしょうか。天使を信じ、私たちの人生に影響を及ぼしていると考えている人の数はどれぐらいいるのでしょうか。そして、なぜ天使に遭遇する人としない人がいるのでしょうか――。
つまり、天使のおかげで事故をまぬがれた体験談がある一方で、数え切れないほどの人々が悲劇的な死を日々迎えているのです。こういった疑問の中には答えが出ないものもありますが、ここでは答えがわかっているものに関して見ていきましょう。

データが示す驚くべき事実

本プロジェクトでは、天使の体験という不透明なテーマについて、多くの事実が把握できました。しかし、どのような調査でもそうですが、必ずしもその結果は不変なものではありませんし、また、イギリス国民全体にあてはまるわけでもありません。あくまでも私の募集広告に自発的に応えてくれた対象者三五〇人のデータに基づいた結果なのです。それでも、データが示す共通点には驚くべきものがあります。

さまざまな新聞・雑誌やラジオに私の連絡先を添えて募集広告を出しましたが、では、どのような人が、どの記事や番組に反応して回答を寄せたのでしょうか。それを調べることにより、対象者の社会層がはかれるでしょうか。まず、本プロジェクトに関する大半の記事は、大判の新聞、つまり高級紙に掲載されており、それが、統計結果に大きな影響を及ぼしています。したがって、結果はイギリスのすべての社会層を反映するものではないことに注意しなければなりません。たとえば、WMラジオにダイアルを合わせるよりも、『テレグラフ』紙を読む人の方が多いのです。また、回答の性格がかなり変わってしまうだろうと考え、ゴシップ記事の多い『サン』のようなタブロイド紙にはあえて広告を出さないようにしました（図03）。

もうひとつ考えなければならないのは、本プロジェクトは、はじめから、学術的な研究だという重々しい看板を掲げていたという点です。最初に出した「天使に会ったことがありますか？」という例の広告を除いて、体験談を募集する際には、このプロジェクトがバーミンガム大学での研究だと明記しました。個人的な興味や、本書を書くことだけが目的で、この研究が行なわれたとすれば、おそらく違ったタイプのデータが寄せられたことでしょう。大学の持つ正当性と信頼性が効を奏し、高級紙が関心を持ち、インタビューや説明を載せてくれたのです。他の雑誌や新聞についても同じでした。また、いろいろなラジオ番組やトークショーにも招かれ、話をする機会を得ました。個人的な研究という名目だけであれば、これほどの注目は集めなかったでしょう。それから、由緒正しい大学がこのような研究を許可し、研究費を出したという事実もさらに関心を高めたのです。

一方、大学という看板を掲げたことで逆に遠ざけてしまった人たちもいるかもしれません。学術的な世界に隔《へだ》たりを感じ、避ける人もいるでしょう。世間一般の俗説や解釈をことごとく論駁《ろんばく》するのが学者の仕事、というイメージは健在ですし、「博士号」や「論文」に関する具体的知識はもちろんのこと、そういった言葉の意味すら知らない人もいるでしょう。たとえば、体験談を聞かせてくれるまで、三回に渡って連絡を取らなければならなかった男性がいました。幸い、私にとってはそこまでする価値のある取材だったのですが、この男性にしてみれば、私の資格だけでなく、本当

図03・体験談の募集を知った媒体

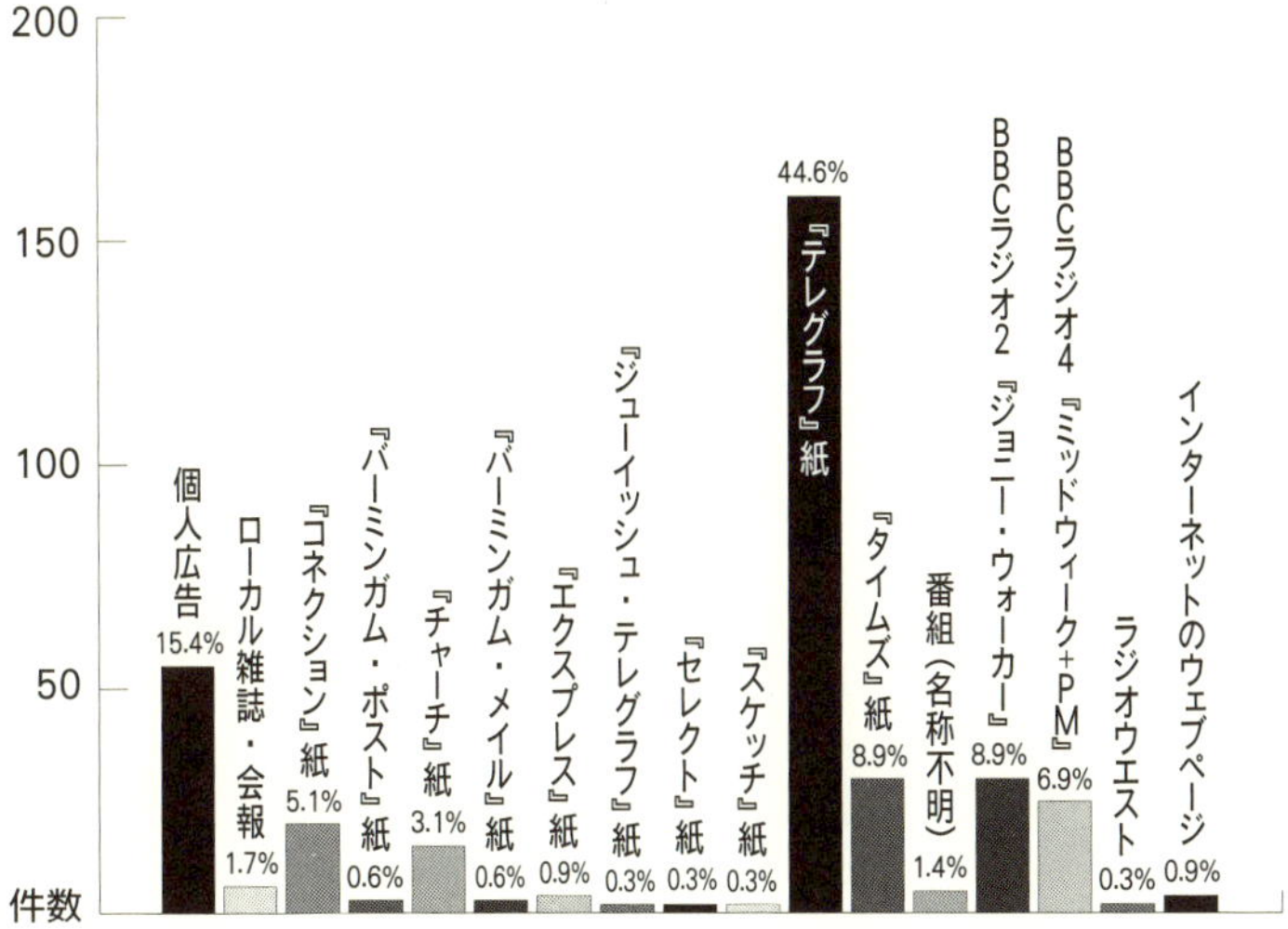

に掲げている通りの研究意図なのか、そして彼の体験談を何にどうやって使うのか、きちんと確かめたかったのです。なかには、体験談を科学的解釈で裁くのが私の目的だと考えた人もいるでしょう。しかし、それはまったくのお門《かど》違いです。私は精神科医でも心理学者でもありませんし、そのような体験の持つ意味にも固執するつもりはないのですから。

なかには、永遠に答えが出ない疑問もあります。たとえば、天使は実在するのかどうかという命題です。私には、その答えはわかりません。私が興味を持っているのは、いまここにいる人間のほう、つまり、天使に遭遇したと信じ、その体験によって人生が変わったと信じている人々そのものなのです。たとえば、体験談には共通点があるのか、体験者には、みな信仰心があるのか、高齢者が多いのか、イギリスのどこに住んでいる人が多いのか、特定の場所や特定のタイプの人に多くみられる現象なのか。そういったことが私の主な興味の対象でした。天使が実在するかどうかではなく、天使を信じる人々の考えや、体験が人々にもたらす社会学的影響に興味があるのです。

どんな人が天使を見るのか

対象者がどの媒体を通して反応したのかというデータと同様、どこに住んでいるのかという点も、対象者の特徴を知ることができる重要なデータです（図04）。

集まったデータをはじめに見たとき、「またもや南北格差の証拠！　南部に多い天使の遭遇談」というおぞましい見出しのもとに、南東部に天使を見物に訪れる群衆の写真が載っている記事を想像しました（ばかげた想像だと思われるかもしれませんが、ＵＦＯや宇宙人による誘拐が話題になったときは、実際にこのようなことが起きたのです）。

しかし、本プロジェクトに見られる地域的な偏りは、決してそういうことではなく、南東部には人口が密集していることと、記事がどこで出されたかということに関係があります。さらに、この研究について広告を出した媒体の普及率が、地域によって異なるという事実もデータに影響しています。

イギリス諸島の区分地図にはいろいろありますが、中央統計局の地域プロフィールを参考にすることにしました。これは、郡と違って、変更が少なく、区分も大きく、分析や参照にもっとも適し

図 04・対象者の居住地

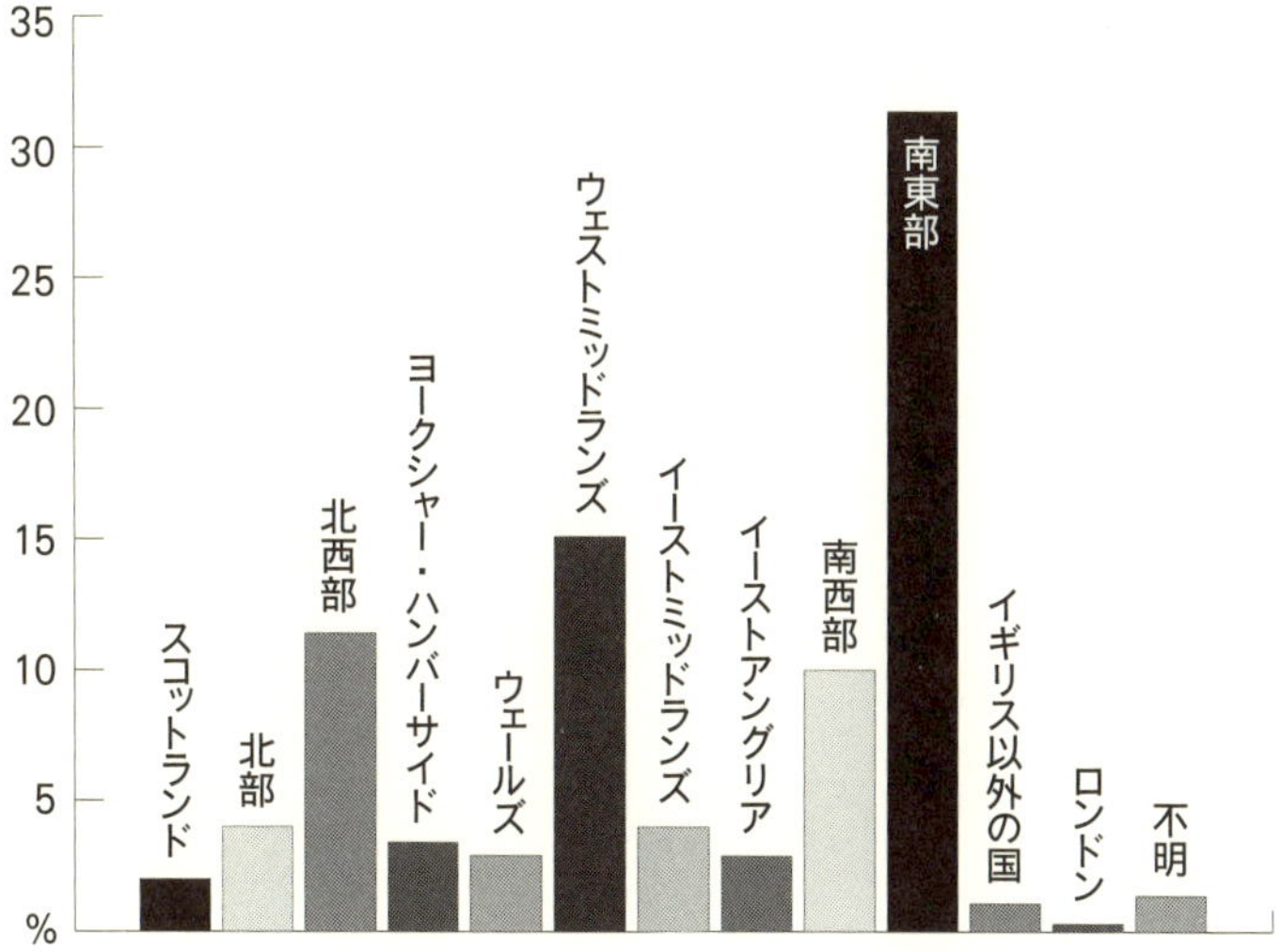

ていると考えました。したがって、本プロジェクトではグレートブリテンを以下の一一のグループに分けました。

①スコットランド　②北部　③北西部　④ヨークシャー・ハンバーサイド　⑤ウェールズ　⑥アイルランド　⑦ウェストミッドランズ　⑧イーストミッドランズ　⑨イーストアングリア　⑩南西部　⑪南東部

とても大切な経験だから

神秘体験はきわめて個人的なことだと考える人は少なくありません。これは、私が、彼らが体験談を話した数少ない相手だ、という数々の例からも明らかです。

天使に会った後は、ショックが大きすぎて家族にも話せませんでした。そ

れからも限られた人にしかこの話はしていません。

この体験は一回限りのことで、主人以外の人に話したことはありません。信じていないからではなく、とてもプライベートで特別な経験だったからです。

この出来事については、数人の人にしか話していません。とても大切な経験だからです。ですが、あなたの研究の助けになればと思ったのです。

疑われたり、からかわれたりすることを恐れ、体験のことを話したのは私がはじめてという人もいれば、この研究のことを知って、同じような経験をしている人が他にもいるのだと安心したという人もいました。

あるカトリック教徒の男性はその残念な一例です。この男性とは電話で話したのですが、ミサのときに祭壇の上を天使が舞っているのを何度も見たといいます。しかし、教会に来ている他の信者だけでなく神父にまで変人扱いを受け、話したことを後悔しているといいます。

このような誤解が生じるのも無理はないケースもありますが、幸い、対象者の中で天使を見たことが転じて苦い経験となってしまった人は、この一例だけでした。

図 05・対象者の年齢

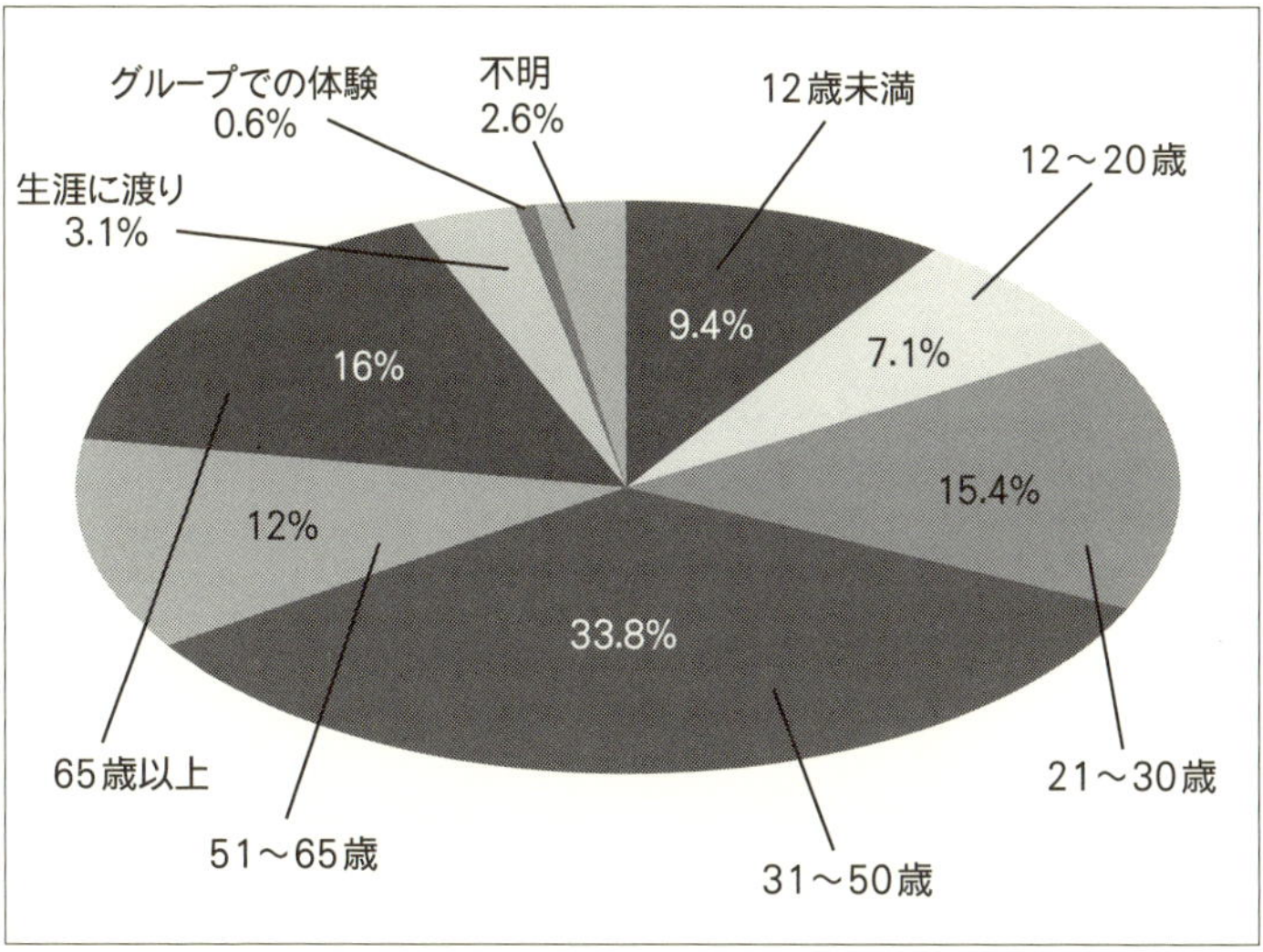

堕天使・悪魔・幽霊

寄せられたデータの中で、体験そのものがネガティブなものだったというケースは、ほんの数件でした。

よく知られている「堕天使」というテーマは、ポジティブな遭遇談と同じように、それだけで独立した研究のテーマとなりうるでしょう。しかし、本プロジェクトには充分な数のデータが寄せられませんでした。もしかしたら、これは解釈や呼び方の問題かもしれません。つまり、ポジティブでおだやかな存在を見たなら、それは天使だととらえられるでしょうが、邪悪であったり気味の悪い存在であれば、天使とはみなされず、おそらく、悪魔や幽霊と呼ばれるでしょう。それでは、経験したことが悔やまれるような、後味の悪い、怖い天使の体験談というのはあるのでしょうか。いまのところ、データによるとそのようなケースはないようです。

意外な結果

もっとも意外な結果が出たのは、対象者の年齢の分布です（図05）。各年齢層の占める割合を出してみたのですが、面白いことに、対象者の大多数は三一〜五〇歳のグループでした。ただしこれは、『ザ・テレグラフ』紙を見て反応してきた対象者がいちばん多かったことに関係している可能性を考えなければいけません。同紙の読者層はまさにこの世代だからです。同じことがラジオやテレビ番組にもいえるでしょう。

彼らの信ずるもの

図06は回答者の宗教の内訳をグラフにしたものです。大多数はクリスチャンですが、それは、この研究に関心を持った宗教関係の雑誌に載った記事や募集広告を見た対象者が多かったことが影響していると思われます。また、そういった見出しのついた記事をすすんで読むのは、もともと天使に関心のある人のことが多いともいえるでしょう。

さまざまな信仰やバックグラウンドの人々が、基本的には同じような体験談を報告していることが明らかになっています。いまのところ、天使の体験を異なる文化ごとに比較研究した文献はあり

図06・体験時の信仰

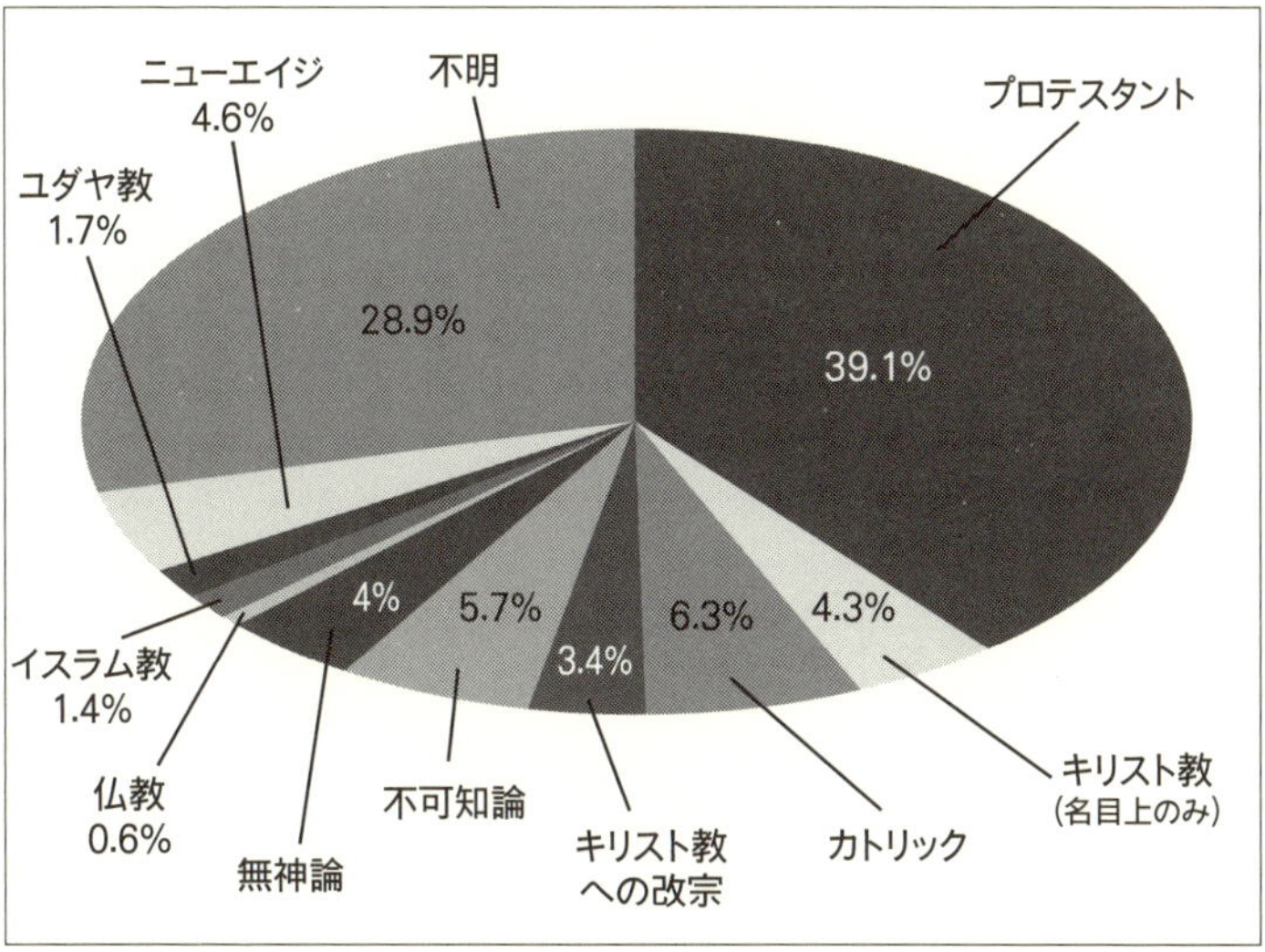

ません。それには何か理由があるのでしょうか。あるいは特に何も見いだせないということなのでしょうか。

底辺にある考え方が同じでも、教義を異にする宗教はたくさんありますが、天使は、そういったキリスト教、ユダヤ教、イスラム教、ゾロアスター教などすべての宗教に普遍的に見られる存在なのです。また仏教では菩薩が、ヒンズー教ではアバター（神の化身）が、天使と同じ役割を果たしています。それから、本プロジェクトの結果から、不可知論者や無神論者も普通の宗教の信者と同じようなタイプの体験をしていることがわかっています。

天使はゾロアスター教、ユダヤ教、キリスト教、イスラム教など、特に啓示が基盤になっている宗教で大きな役割を果たしています。これらの宗教はいずれも一神教で、人間と神とのあ

図 07・体験時の信仰と天使の形態

	翼のある典型的な姿	人間の姿	香り	光	音声	体に受けた感覚	心に受けた感覚	その他	合計
キリスト教への改宗	4			5	2	1			12
不可知論	4	6	2		1	1	1	2	20
無神論	4	1	1	3	1	1		2	13
仏教	1					1			2
イスラム教		2	1		2				5
ユダヤ教	2				1	1		2	6
ニューエイジ	9		1	1	2	1	1	1	16
プロテスタント	37	29	8	17	7	18	8	13	137
キリスト教（名目上）	10		3	1				1	15
カトリック	7	5	2	2	1	3		2	22
不明	28	16	16	14		6	7	14	102
合計	109	59	34	44	17	33	17	37	350

いだには距離があることを強調しているため、仲介する存在が不可欠なのです。

一方、多神教では人間と神との距離はそれほど遠くなく、神の一人が人間の姿となって天使のような役目をすることが多いのです（役割自体も比較的地味なものです）。つまり、一神教でも多神教でも、天使のような聖なる存在があり、神と信者の信頼関係を支えています。たとえば、中国の神《シェン》は祖先の霊だとも解釈される善い精霊で、適切な儀式を行えば、現世の人を守ってくれます。また、日本の神道の神は、神々、祖先、自然の風物に宿る神霊であり、それらを敬《うやま》い従う心で救われるという教えになっています。同じく日本の仏教における神は、諸仏菩薩の仮のあらわれだと考えられています。

翼のある天使は人気者

すべての信仰タイプで、翼のある典型的な姿の天使がもっともよく報告されているのは興味深い点です（図07）。また、対象者のうち、イスラム教徒の五名は誰もこのタイプの天使を見ていないというのも目をひく点でしょう。このうち、二人が人間の姿、もう一人が香り、そして二人が音声での天使を体験しています。しかし、これだけのデータでは、もちろん、イスラム教徒すべてが持つ天使の概念を正確に表しているとは到底いえないでしょう。

それぞれの宗教別に見られる天使の遭遇談についての調査にも、大変興味をひかれますが、他の研究者にお譲りすることにします。まだまだ探求されなければならないテーマであることには違いありません。

天使体験の起きやすい場所

統計結果を見ると、天使の体験談の実体が何であるのか、可能性がたくさん浮かんできます。第一〇章で見たように、体験談の多くが寝室で起きていることから、当然、夢という可能性も考えなければならないでしょう。

体験談はほかに、病院、家、屋外、事故の最中・あと、礼拝の場所（教会、シナゴーグ、寺院など）、その他の建物、交通機関（車、電車、飛行機など）で見られています（図08）。

図08・天使と遭遇した場所

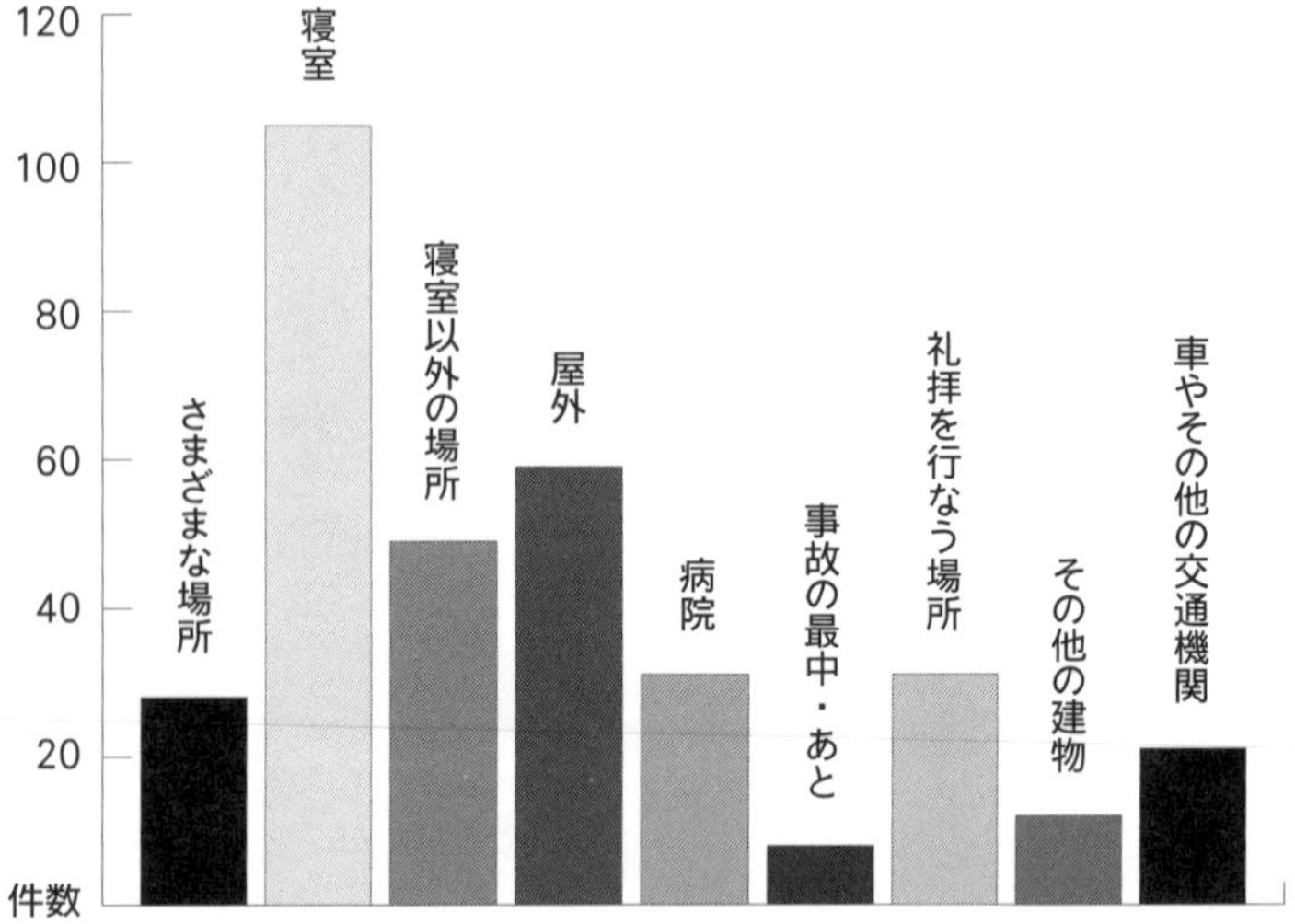

男性の見た天使・女性の見た天使

男女間の体験談にどのような違いがあるか見てみるのも、興味深い切り口です（図09）。まず、女性の対象者数が男性の二倍以上に達することから、男性体験者のデータを倍にして比較してみましょう。そのように比較してみても、女性の方が翼のある天使を見ている割合が多く、男性は人の姿をした天使を見た人のほうが（翼のある天使より）多いのです。

香りや光、音声、体に受けた感覚、心に受けた感覚としての天使の体験談は、男女均等に分かれていますが、「その他の形態」（幽霊のような姿や邪悪な存在）を体験したとする人の割合は男性の方が多くなっています。

体験が起きた場所は、予想通り男女間でほとんど変わりません。「事故の最中・あと」のケー

図 09・男女別の認識形態

	女性	男性	合計
翼のある典型的な姿	87	22	109
人間の姿	36	23	59
香り	25	9	34
光	28	16	44
音声	12	5	17
体に受けた感覚	22	11	33
心に受けた感覚	12	5	17
その他	21	16	37
合計	243 (69%)	107 (31%)	350

スのみ例外で、男性の方がその割合が高くなっています。

天使がくれた贈りもの

本書で紹介したエピソードでわかるように、体験談には共通した要素がいくつもありますが、体験後見られた影響にも、共通していることがあります（図10）。

本研究や他の研究に一貫して見られるのが、次のような作用です。「無上の高揚感、心の平安、苦悩からの解放感を天使の翼が残していったと体験者は口をそろえている。天使の遭遇談の顕著な特徴は、世界観がまったく変わってしまうような心の変化である」

天国からのメッセージ

「死にまつわる体験談」というカテゴリーには、

図 10・体験後の影響

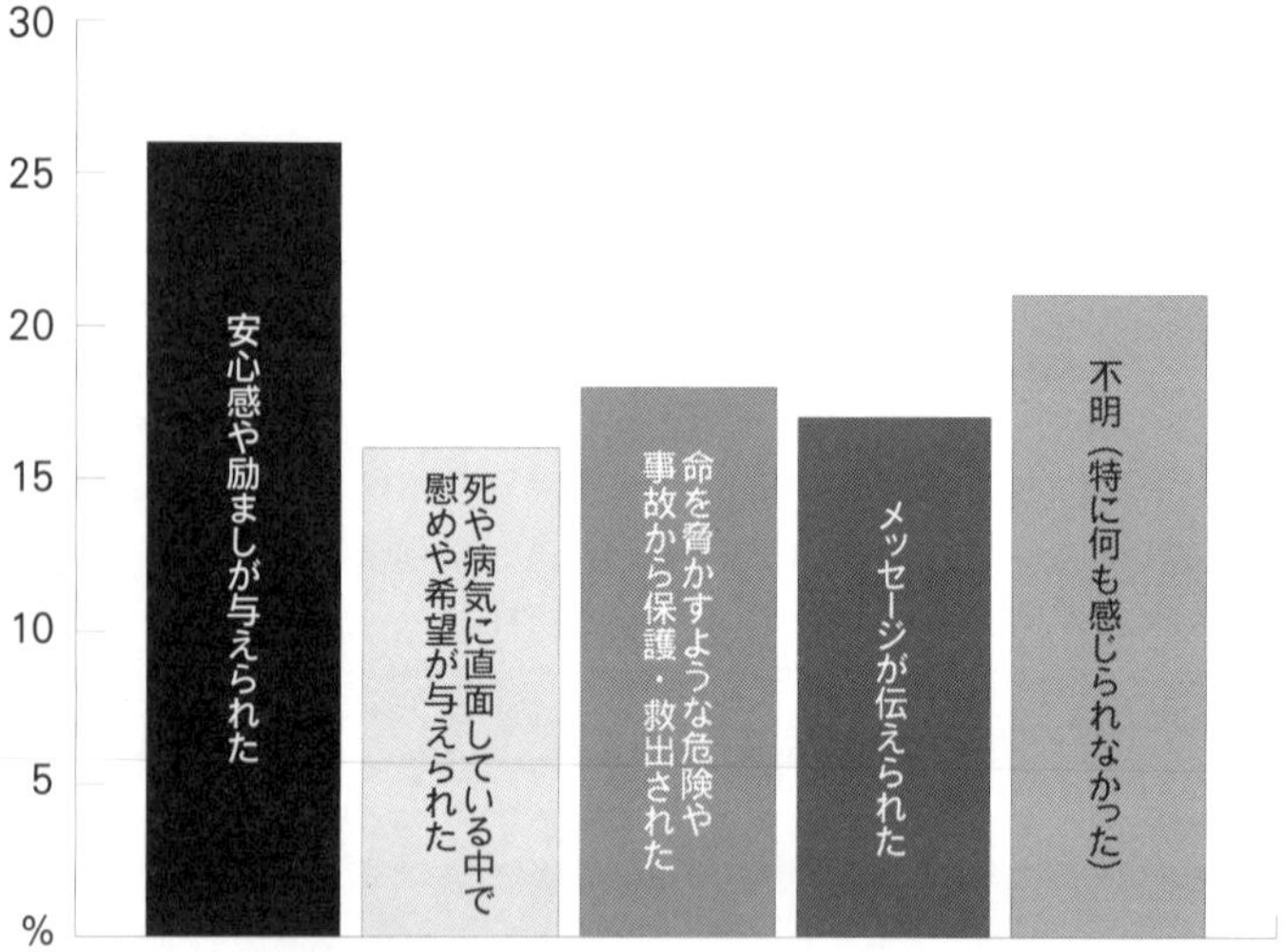

メッセージを受け取る体験や臨終のときのビジョンなどを一緒にまとめてあることから、さまざまな種類の体験談があります。

死にまつわる体験談のデータによると、誰もが体験後に、安心感や励まし、そして希望を与えられたと感じています。体験者本人だけでなく、体験談を聞いた家族や友人にもその影響は及んでいます。知人の亡くなった家族があらわれ、その知人にメッセージを伝えるよう頼むというビジョンや、体験者本人に警告や予言としてのメッセージを伝える場合もあります。

亡くなった家族からのメッセージでいちばんよく見られるのは、言葉で伝える場合も心に直接話しかける場合も、「私は大丈夫だから心配するな。悲しまないで行かせてくれ。私は幸せだ。あなたを見守っている」という内容のものです。このようなケースでは、守護天使、ガイド、あるいは幽霊の役割がオーバーラップしており、こういった言葉の定義や使われ方が曖昧になってきている傾向を示しています。

このようなビジョンが、はたして遺族の喪失の悲しみを癒し、あるいは医学的な治療が必要なグリーフ（悲嘆）を防ぐことができるのか、議論されています。臨死体験の代表的な研究者であるマギー・カラハンやエリザベス・キュブラー・ロスは、このようなビジョンがグリーフを癒すことを示すエピソードを紹介しています。また、本書の第九章の各エピソードからも、天使の体験談がそういった作用をもたらしていることが見て取れます。何人かの対象者が書いているように、悲しみですっかり打ちのめされていても、死者との交信を体験し、その人が次の世界へ一人きりで旅立ったのではないことがわかった後は、体験者はスピリチュアルな成長をすることができ、確かに癒しに役立っているといえます。

メルビン・モースが指摘しているように、愛する人の死を受け入れられずに苦しんでいる人たちにとって、スピリチュアルなビジョンが役立つかどうか、医学界ではまだ検証も始まっていません。また、グリーフを扱ったメジャーな社会科学や介護・医学に関する文献では、死にまつわるスピリチュアルなビジョンの存在さえ無視されています。たとえば、テレース・ランドの優れた著書"The Parental Loss of a Child"（親が子供を亡くすということ）でさえ、わが子の死後、亡くなった子が現われる鮮明な幻覚を経験する親が多いということにわずかに触れているだけです。これはいったい、なぜなのでしょうか。そしてこのような状況は、少しずつ変わっていくのでしょうか。

本プロジェクトの対象者はみな、体験によって何らかの影響を受けており、それぞれのニーズに合った解釈をしています。また、体験は人生を軌道修正するような効果をもたらしています。たとえば、重病の人の場合、天使の訪問が身体的な回復を助けたり、自分の状態を受け入れさせてくれたり、スピリチュアルな面での苦しみを取り除いてくれたりします（家族の苦しみをやわらげる場合もあります）。体験者が不安を抱いている場合は、安心感が与えられ、命の危険があるような状況にいれば、助けられることも多いのです。

もしかしたら、本書で紹介した体験には、皆さんが想像していたほどドラマチックではなかったものが、含まれていたかもしれません。なかにはとても微妙で、大半の人なら見逃しそうなものもあったでしょう。ですが、それが天使によってもたらされたものだととらえた人たちは、それを否定してしまう人たちよりも、その経験から、本当に豊かなものを得ているのです。

第一三章　天使たちのゆくえ

天使の姿を見たり、その声を聞いたり、あるいは比喩的であれ文字通りの意味であれ、触れられたり、という経験は、個人レベルで起きる場合が多いようです。自分はそのような体験をしていないから、というだけでは、それが存在しないとはいえません。たとえば、風は目には見えませんが、その作用は観測が可能であり、もたらされた影響も実感することができるでしょう。天使の体験談とは、まさに風のようだというのが、研究者の立場にある私の受け止め方です。

私の目的は、天使の体験談という社会現象を観察し、それについて書くことであり、「天国は存在する」と主張したいのでも、天使という概念を売り込みたいのでもありません。

あなたは天使を信じますか？

ＢＢＣのドキュメンタリー番組『エブリマン』に出演するにあたって、番組ディレクターのノーマン・ハル氏が「自分は『真実』ではなく、『現実』についての番組をつくるのだ」といったのを覚えています。私のプロジェクトのことを耳にすると、やはり誰もが「では、あなたは天使の存在を信じるのですか?」と即座に質問してきます。しかし私の目的は、天使の存在を検証したり、証明したり、否定したりすることではありません。そんなことは不可能ですし、私にはあまり興味がないのです。私が知りたいのは、この現象の社会的な側面です。つまり、天使への関心の高まりや、天使に遭遇したという人たち。そして、体験者がどのように自分の体験談を説明しているか。さらにそれが、どのように彼らの人生に影響を及ぼしたのか、ということです。

いってみれば、私の論文と本書は、〈真実〉ではなく〈現実〉について書かれたのです。つまり、「いま、なぜ天使なのか」という「現実」を説明し、その解釈を試みたわけです。そして、何百人という人たちが自分の体験、信仰、そして体験後の影響について、証言してくれました。

「天使」という概念には科学的な信用性がないと、数え切れないほど反論されました。しかし、科学の歴史は数百年をさかのぼりますが、科学だけですべてに論理的な答えを出せるとは到底いいがたいことを私たちは認めなくてはいけません。ケンブリッジ大学のフレーザー・ワッツ博士に、人類はまだ科学という山のふもとに達したに過ぎず、少しずつ学びつづけている状態だ、と教わったことがあります。今日でも、相対性理論と量子力学がどのように関係しているのか、まったく解明されていません。これは、天使が存在する可能性を高める要素になるかもしれないのです。

「科学の発達」論についても、私はいらだちを感じます。これは偏狭なアプローチで、人間は日増しに「真理」への理解を高めているとしています。人間の知性が向上しつづけていることを主張する、このような考え方は、ある意味では正しいかもしれませんが、同時に間違ってもいるのです。人類は、知識面では確かに向上していますが、同時に本能的にものを知る力を失っています。新しいものごとを学ぶのと同じ速度で、他のことに対する理解力を失っているのです。

"Physics of Angels"（天使の物理学）で、斬新な神学者のマシュー・フォックスと革新的な生物学者のルパート・シェルドレイクは、トマス・アクィナス（中世のスコラ哲学の大成者）に、一章を割いています。ここではあまり詳しく述べませんが、その中から何点か触れたい点があります。アクィナスは、素晴らしい思想家で、高い知性の持ち主でした。そのアイデアの多くは近代物理学を予測した形になっています。フォックスは、天使の存在に関する確率と複雑性を議論し、アクィナスは「天使の場所的運動は力の接触の連続であり、すなわち、天使は、どこにも何時《なんどき》にも、存在しない」、つまり、一瞬にして移動するのだ、と述べています。

では、天使の存在は「可能」なのだと考えてみましょう。天使の体験談がまったくの想像の産物などと私に決めつけることはできません。前述のように、天使の存在を否定あるいは肯定するような決定的な証拠はないのです。私に手紙を寄せた人たちがすべて精神や神経の疾患、あるいは実は側頭葉てんかんの患者だとは到底思えないからです。

E・B・タイラーの『原始文化』では、私たちがものを見るときは先入観に影響されるものだと述べられています。では、体験者が見る天使の姿は一般的な既成概念やメディアがつくりだすイメージに影響されているのでしょうか。対象者の回答を見ると、その答えは「イエス」のようです。数年前にバーミンガム大学で、無作為に選んだ二つの教区（英国教会とカトリック教会）と三カ所の職場を対象にし、小規模なアンケート調査を行ないました。男女の割合や年齢層はほぼ均等で、多様な信仰や考え方をもつ対象者が含まれました。

この調査の結果、大多数の対象者が、天使といえば、ビクトリア朝風の典型的な姿、つまり、おだやかで優しく、明るく輝いた顔をして、背中には閉じられた大きな翼がある、というイメージを持っていることがわかりました。次に多かった回答は、「人間の姿」で、「われわれと変わらない姿」や「善い行ないや世直《よ》しをする人」だというものです。また、天使を「スピリチュアルな存在」や「亡くなった家族の霊」だとする声もいくつかありました。天使は「ひとつの決まった姿だけでなく、そのときに応じて姿を変える」という回答を寄せた人もいます。また、天使の外見に対する答えを空白にし、「人間にはその畏れ多い存在と力は理解できない」「想像に余りある」など、外見を想像することができない、とした人もいます。

このアンケート調査の結果は、本書の対象者が見たさまざまな天使の姿の割合と、ほぼ一致しています。大多数が翼のある典型的なイメージの天使を見ており（三一パーセント）、続いて人間の姿（一七パーセント）、光（一三パーセント）、香り（一〇パーセント）、体・心に受けた感覚（それぞれ九パーセント）、となっているからです。

スピリチュアル・スーパーマーケット

天使ブームはさほど驚くような現象ではないのかもしれません。私はよく「スピリチュアル・ショッピング」という表現を使います。買い物客は「スピリチュアル・スーパーマーケット」で棚に並んでいる宗教の品定めをし、気に入ったものをショッピングカートに入れるというわけです。ヨガとユダヤ神秘主義をつまんで、ユダヤ教のカバラや新約聖書、コーランもちょっと読んでみて、仏教も少々入れましょう、それからスパイスとして天使もちょっと……、というように。

普遍宗教に対する信仰心が低下する中、いろいろな宗教の気に入った考えだけを選び取るようなやり方が、現代社会に生きる人々をひきつけています。これは、ジョージ・リッツアの「社会のマクドナルド化」論が指摘する通りになっています。

リッツアは、現代社会がマクドナルド式の原理に毒されていると述べ、その四つの要素として、「効率性」（生産ライン、組織、効率性向上）、「量重視」（顧客数と販売高が最大の優先事項）、「予測可能性」（顧客は店のレイアウト、メニューなどをあらかじめよく知っている）、「脱人間化」（ドライブスルーの通話装置、自動支払機、コンピュータなど最新技術）を挙げています。

宗教もこの論理にあてはめることができるのではないでしょうか。私は、現代の教会はおそらく無意識にこのモデルに従っているのではないか、と大学時代の論文で指摘したことがあります。

たとえば、特にアメリカで急速に勢力を伸ばしているキリスト教原理主義（福音派）はその好例で、まさにこのモデルに即しています。一人の伝道師がテレビカメラの前に立ち、全国に向かって伝導するというこの教会のやり方は、「効率性」という面では経済的で、「量重視」という面では信者の数は膨大であるという点が挙げられます。また、決まり文句や奇跡、そして説教、礼拝の形式などが定型化されているという点で、「予測可能性」が高いといえます。「脱人間化」としては、信者が直接伝道師を前にするのではなく、インターネットやテレビの画面を通しているという点が挙げられます。このように、宗教でもおおよそ同じようなことができるのです。

現代人は、スピリチュアルなものや、リラクゼーション、人生の目的を求めている一方、それについて一生懸命勉強したり、語り合ったりすることまでは望んでおらず、それでいて今すぐ効果が出ることを望むのです。インターネットの検索エンジンで「天使」をキーワードに検索すれば、チャットルームからマニアックな情報まで、即座に天使に関するありとあらゆる知識を得ることができます。そして、電話をかけるだけで、エンジェルカードで占いまでできるのです。

イギリスの公式の統計データはありませんが、アメリカ人の四分の三が天使の存在を信じ、天使が人々の生活に関わっていると考えていることがわかっています。では、悪魔や聖霊など、他のスピリチュアルな存在はどうでしょうか。アメリカの成人を対象にした最近の全米調査によると、成人の大多数が悪魔も聖霊も信じていないという結果が出ています。

この調査によると、成人の三分の二にあたる六二パーセントが「悪魔は悪の象徴に過ぎず、存在しない」と考えています。この答えは九〇年代を通してずっと安定した傾向を見せています。そしてさらに驚くべき点は、いわゆる「ボーンアゲイン・クリスチャン（成人してからクリスチャンであることを意識的に選んだ人）」の大半（五二パーセント）、そしてカトリック教徒の四分の三（七二パーセント）が、悪魔は存在しないと答え、また、悪魔の存在を否定する割合は女性の方が男性より多いというデータです（女性は六四パーセント、男性は五九パーセント）。

この調査の結果でもっとも予想外だったのは、大多数が「聖霊などいない」としていることです。一〇〇人のうち六一人（六一パーセント）が「聖霊は神や力の象徴に過ぎず、存在しない」と答えています。成人の八四パーセントが自分はクリスチャンだと答えていますが、聖霊はキリスト教で三位《み》一体の位格のひとつだとされています。聖霊の存在をもっとも否定するグループは、ベビーバスターズ（ベビーブーマーの後に生まれた年齢層。一八～三一歳。六六パーセントが聖霊の存在を否定）と、白人以外の人種（六六パーセントが否定）です。意外なことに、ボーンアゲイン・クリスチャンの大半も聖霊の存在を否定しています（五五パーセントが否定）。

以上は、目を疑うようなデータであり、質問が実際にどのような表現で提示されたのか、確認したいところです。しかし、この結果は、人々がどのように信仰の対象を選り好みしているかをはっきりと示しています。聖霊や悪魔を信じない一方で天使を信じ、それなのに、名目上であれクリスチャンだと名乗る人がいることに、私は驚きを禁じ得ないのです。さらに自分を「ニューエイジ」や「不可知論者・無神論者」と呼びながら、天使は信じるという人もいます。

私がまとめた前述のアンケート調査の対象者では、七〇パーセントが天使の存在を信じていることがわかっています。これは、アメリカ人の六九パーセントが天使を信じているという『タイム』の調査結果（「はじめに」参照）とマッチしています。

調査の質問に対する答えはすべて半数を超えており、七〇パーセントが天使の存在を信じ、六二パーセントが天使は人生・生活に関わっていると考え、六四パーセントは、天使を実際に見たり、天使と話したりできる人がいるとしています。

一方、女性は男性に比べて意見を寄せるのが好きだということがわかっています。たとえば、BBCが視聴者から受け取る手紙は、批判も、ほめ言葉も、女性からの方が多いのです。これは、私に天使の体験談を寄せた対象者にもあてはまります。

しかし、前述のアンケート調査の結果では、男性の中で天使を信じている人の占める割合の方が多かったのです（男性三八パーセント、女性三二パーセント）。一方、天使が人の人生に与える影響や（二四パーセント）、天使を見たりコミニュケーションができる人がいるということについては（二二パーセント）男性は懐疑的なのです。

魔術と宗教と科学と

天使の体験談が増えているのであれば、それは社会にどのような影響を及ぼしているのでしょうか。そして、天使に対する関心が急に高まっている、その根本的な原因は何でしょうか。

グレニス・エッカースレイは次のように述べています。

「私たちの世代はみな、これといった宗教を信仰することなく育ってきました。ですから、天使はスピリチュアル面の充足を求める心の現われなのかもしれません。危ないところで助かったという体験談はよく耳にしますが、それを守護天使のおかげだとする人が今は多いようです。また、勘のようなものを守護天使のお告げだと解釈する人もいます」

最近では、天使をテーマにしたウェブサイトは数え切れないほどあり、サイトを訪れれば、世界じゅうの人が天使の遭遇談や情報を読むことができます。以前はややもするとタブーであり、少なくとも「普通の人」には関係なかったような話がインターネットを通して広く知られるようになっているのです。そして、誰でも気軽に参加して自分の経験を話せるような環境が整っています。

フレーザーは著書『金枝篇』で、人類は魔術、宗教、そして科学の三つの時代を経てきているという説を唱えています。この三つの時代のあいだには、オーバーラップする部分もあります。つまり現在、私たちは宗教と科学の時代の狭間にいて、科学の時代へと進んでいる、といえるのではないでしょうか。

この考えをさらに進めた結果、神秘現象には多かれ少なかれ流行のサイクルがある、と私は考えています。前ビクトリア朝時代には恐ろしい幽霊が、一九世紀後半には妖精が関心の的になりました。また、二〇世紀にはまだポルターガイストが恐れられていた一方で、他の幽霊は比較的危害のないものととらえられました。さらに二〇世紀後半には、宇宙人や宇宙人による誘拐、そしてUFOブームが登場しています。プラットフォームシューズ（厚底靴）やブーツレッグパンツが再流行するように、他の流行も戻ってきているのです。いまは、たまたま天使の再来だということなのかもしれません。

フレーザーのモデルに当てはめて考えると、現在私たちは「よい幽霊・天使」の時期にいるのかもしれません。そして、このオーバーラップこそが、人々が天使と幽霊をまぜこぜにしている理由なのです。「天使に遭遇した」という人が見たのは亡くなった家族であるということが少なくありません。「幽霊」から「霊」、「エネルギー」、そして「天使」へと言葉が変化してきている点は非常に興味深いと、私は考えます。

天使体験は科学で解明できるのか

体験談の中には、精神現象学の立場から考えると、実際に起きたことではないと考えるのが妥当なものもあります。「はじめに」でも触れましたが、天使の体験談にはいろいろな説明をつけることができるのです。『コスモポリタン』誌で、スーザン・ブラックモア博士は次のように指摘しています。

「痛みやショックを受けると、抑制性細胞が機能を停止して、エンドルフィンが分泌され、幻覚や喜悦の感情を引き起こすことがあります。そして視覚皮質が影響され、神経細胞がいろいろなところで発火を起こすので、明るい光が見えるのでしょう。また、ひとつ科学的に証明されているのは、人間の側頭葉は刺激されるとチクッとするような感覚を起こし、まばゆい光を見る体験をもたらすということです。これをどのように解釈するかは、その時代によって傾向が異なります。現在は、天使がその理由として人気のある解釈なのです」

確かに、危険に直面したときに起きた体験談に関しては、この種の説明があてはまるかもしれません（たとえば崖から落ちそうになったとき、トラックにひかれたとき、海でおぼれそうになったとき、車の正面衝突事故に巻き込まれたときなど）。しかし、お守りくださいという祈りの結果起きた場合や、重病の人が助かったケースはどうでしょうか。また、人の誕生や死を予告するようなエピソードはどうでしょう。あるいは、これといった理由もなく起きたような体験談に関しては、心理学的にどのような説明ができるのでしょうか。また、「通りすがりの人」に助けられた体験談はどうでしょう。以上のようなケースは、現世を超えたスピリチュアルな世界があることを示しているのでしょうか。

危機一髪の状況をまぬがれたり、ひどく混乱したり、感情が高ぶっていた場面で天使と遭遇したケースは、体験者の豊かな想像力の産物であり、パニック状態をしずめるために心の奥底に抑制されていたイメージが引き出されたのだ、ということもいえるでしょう。それでは、唐突に、本人が危機を認識する暇もなく事故が起きてしまったようなケースはどうでしょうか。

天使の体験談に対する反論はいくらでもあります。たとえば寝室で起きたエピソードを考えてみましょう。まず考えられる原因は、意識のまどろみ状態でしょう。対象者が実際に体験したということ自体は反論の余地がありませんが、問題は、それが本当に天使の存在だったのか、あるいは人間の精神的産物なのか、ということなのです。まどろみ状態は、瞑想、催眠術、祈祷など、さまざまなリラクゼーションの方法で作為的に到達することもできる意識レベルです。天使の体験が起きているのは、精神病理学的にいうところの半醒半睡時（起き抜け）や入眠時（寝入りばな）であり、それは、もっとも幻覚（とりわけ幻聴）が起きる可能性がある時間なのです。全体人口の約六〇パーセントがこのような経験をしており、めずらしい現象ではありません。ただしその解釈は、守護天使、亡くなった家族、あるいはその両方、あるいは精神的疲労のせいで見た幻覚などに分かれているのです。

では、唐突に起きたような体験、つまり、特に引き金となるような精神状態も行動も体験者にみられなかった場合はどのような説明ができるでしょうか。ある日突然、ビジョンが見られる体質になったのでしょうか。本書の体験談のほとんどが、この種の何の前触れもなく起きている体験談です。「はじめに」で説明したように、これを幻覚や白昼夢、ヒステリー、投影だという人もいるでしょう。医学的には、特に幻聴の場合、実は分裂症なのではないかという意見もあるでしょう。しかし、体験談の幻聴は、分裂症の特徴である何度も繰り返されるものではなく、だいたいが一回のみのメッセージや警告なのです。

この説明に有効な学説だと考えられるのは、「意識の変容状態」説です。"The Complete Book of Aliens and Abduction"（宇宙人誘拐大全）で、ジェニー・ランドルズは明晰夢の反対の意識の状態を提示しています。つまり、明晰夢のように、寝ている自分が夢を見ているのだと自覚しながら夢をコントロールできるのではなく、目は覚めているつもりなのに、宇宙人による誘拐や、天使のビジョンや遭遇談のように、コントロールできない夢のような体験をするという意識の状態です。起きているという自覚がある上、体験の鮮烈さのため、体験者はからかわれる恐れがあっても、それが現実のことだと主張します。

ランドルズはまた、バーバーとウィルソン（一九八三）、マイヤースとオースティン（一九八五）、リンとルー（一九八七）らの「空想傾向人格（fantasy prone personality）」に関する研究を挙げています。「空想傾向人格」の人は、強い視覚的記憶の持ち主で、宇宙人による誘拐やビジョン、臨死体験などの体験をしやすい傾向にあります。また、催眠術にも非常にかかりやすいという特徴があります（催眠術により、誘拐された経験や前世の経験、そして悪魔の儀式の犠牲になった体験などが明かされています）。

一方で、物理学や最新の数学理論では、少なくとも二つの事実が提示されています。日系アメリカ人の数学者ミチオ・カクは、著書『超空間』の中で、この世界以外の世界を科学的に説明するのは困難ではないとしています。問題は、どのようにその世界にアクセスし、コミュニケーションをとるかということだといいます。

最近では、人間はみな生まれながらにして第六感を備えており、その中枢は右の側頭葉にあり、スピリチュアルな世界を認識できる、という医学的な説もあります。さらに、何に使われるのかわからないけれど、電磁波を感知する仕組みが脳にあることがわかっています。これらが医学界に完全に受け入れられている説だとはいいませんが、現在の医学・科学界はものすごいスピードで変革を遂げています。この一〇年で、スピリチュアルなビジョンに対する理解と研究は似非《えせ》科学から正統な科学の領域へと進歩しました。

国立戦争研究所、カリフォルニア大学サンディエゴ校の脳手術研究グループなど、スピリチュアルな世界とはかけ離れた機関が行なっている研究で、人間は右の側頭葉を使って超自然的な事象を見たり関わったりできるように遺伝的にプログラムされている、というメルビン・モースの学説が支持されているのです。

今日もどこかで……

というわけで、また振り出しに戻りました。天使に対する関心はまだまだ衰えないようです。天使ブームは、臨死体験や宇宙人やＵＦＯブームより長続きしているにせよ、ただの流行で終わるのでしょうか。いずれその魅力を失い、また別の何かにとってかわられるのでしょうか。

世の関心が高くなるにせよ低くなるにせよ、天使の遭遇談は体験者にとっては現実であり、一生忘れられない感動を残しています。神秘体験というのは、うやむやな分野であり、さまざまなタブーが取り除かれた今でも、オープンに話したがらない人が少なからずいる、難しいテーマとなっています。

しかし、このような状況は、ゆっくりですが変わってきています。まず、「ニューエイジ的な信仰」

（スピリチュアルガイドや、家族が守護天使になるなどの考え方）が、普遍宗教と混ざり合ってきています。前述の「スピリチュアル・ショッピングカート」に、あちこちの宗教からいろいろな信念や考えを取ってきて混ぜ合わせ、オリジナルに折衷させた「宗教」をつくる人が増えているのです。

天使に関する今日の大多数の人の考え方は、ロビー・ウィリアムズのヒット曲「エンジェルス」（他のものは信じられないから天使がいちばんいい、という趣旨の歌）の歌詞に凝縮されているのではないでしょうか。頭痛薬を簡単に飲む風潮と同様に、これは懸念すべき傾向です。世界的な「マクドナルド化」のせいであれ、他の理由のせいであれ、人々は神ではなく天使を愛するようになっているのです。この風潮がどれぐらい続くのかは、時間が経ってみなければ、わかりません。

天使は無害だとみなされる存在です。天使を信仰するには、厳しい戒律に従うことなど必要ありません。ただ、信じたいように信じるだけでよいのです。天使は、人々に安心を与える、よき存在なのです。命がおびやかされるような状況では、落ち着きや希望や安心感を与えてくれます。亡くなったおばあちゃんが守護天使だとする考え方は、決して斬新な考えではなく、その時代のいろいろな考え方や信仰などと織り混ぜられているのです。

本書のデータをどう解釈するかはあなた次第です。神学者や科学者なら誰でもうなずくでしょうが、ある現象に名前をつけたからといって、あるいはそれについて本を一冊書いたからといって、その存在を肯定できるというものではありません。本書は、私のプロジェクトの結果を伝え、寄せられた遭遇談を記録しただけです。ここで中世の哲学者、オッカムのウィリアムが残した「オッカムの剃刀《かみそり》」――「ある事柄を説明するためには、必要以上に多くの実体を仮定するべきでない」という格言を紹介し、皆さんにそれぞれ答えを出していただければと思います。

私たちの住む世界は、物質的なものだけでできているのではない、と私は考えています。まだまだ私たちが知らないことや理解していないことはたくさんあるのです。この、ハムレットの有名な台詞のように。

「ホレイショー、この天地のあいだには、人智の思いも及ばぬことがいくらもあるのだ」

◇著者◇
エマ・ヒースコート・ジェームズ（Emma Heathcote-James）
1977年、英国生まれ。地元バーミンガム大学で神学を専攻。在学中、博士課程論文にて天使体験のリサーチを行なったところ、その活動が全国紙やＢＢＣ（英国放送協会）に取り上げられ、一躍話題となる。卒業後も、死後世界との交信や臨死体験、幽体離脱といった分野の研究を続け、テレビ出演なども多数。他著に『After Death Communication』、『They walk among us』がある。

◇訳者◇
ラッセル秀子（らっせる・ひでこ）
1967年生まれ。聖心女子大学を卒業後、米国モントレー国際大学院にて通訳と翻訳の修士課程を修了。翻訳者として活動するかたわら、同大学院翻訳修士課程の非常勤講師を務める。

カバー写真：坂田峰夫

翻訳協力：株式会社トランネット http://www.trannet.co.jp/

天使に会いました

平成20年2月14日　　第1刷発行

著　者　エマ・ヒースコート・ジェームズ
訳　者　ラッセル秀子
装　幀　水崎真奈美
発行者　日高裕明
発　行　株式会社 ハート出版
〒171-0014 東京都豊島区池袋3-9-23
TEL03-3590-6077　FAX03-3590-6078
ハート出版ホームページ　http://www.810.co.jp

乱丁、落丁はお取り替えします。その他お気づきの点がございましたら、お知らせください。
　ISBN978-4-89295-581-5
印刷・製本 中央精版印刷株式会社